廢寺址
폐사지는 살아있다

경주시니어클럽 경주이야기 사업단

도서출판 정림사
JUNG LIM PUBLISHER

책머리에

2024년 한 해 동안 우리 팀은 없는 것을 찾아서 다녔다. 이름만 남아 있는 절을 찾아서 산과 들판을 누볐다. 흡사 수수께기 풀기 게임, 미로 찾기, 단서 찾기 같은 심정으로 열심히 퍼즐 풀기에 몰입하였다.

그리고 이는 흥미로운 탐사이며 새로운 사실들을 알아가는 재미있는 작업이 되어갔다. 우리 스스로 이 작업에 대하여 매우 가치 있는 일임을 깨달았다. 역사는 지난 날의 팩트는 고정되어 있지만 이를 연구하고 캐내는 사람들에 의하여 쉽없이 요동치는 영역이다. 여기에는 진실도 있고 사실과 다른 의견도 있다.

폐사지 탐색 역시 마찬가지였다. 이미 잡초에 묻혔거나 흙 속에서 마멸되어 가는 증표들을 가지고 없어진 절에 대한 팩트를 찾아내기 위하여 노력하였다. 물론 우리의 능력으로 모든 것을 완벽히 증명하지는 못하였지만 그 자체의 즐거움을 생각하였다.

그리하여 우리는 죽어 없어진 절에 대한 새로운 가치를 발견하였다. 폐사지는 죽은 것이 아니었다. 폐사지는 살아 있는 생명체였다. 우리의 눈앞에 실체가 없었지만 그들은 이야기를 들려주고 노래하는 생명들이었다.

허물어진 불탑의 목소리, 흙 속에 묻힌 기왓조각의 마모된 모습, 부서진 불상의 미소, 잡초와 함께 세월을 사는 토단과 초석들 그들은 우리에게 완벽하게 혹은 어렴풋하게 자신의 존재를 이야기하고 있었다. 우리는 그들을 보면서 사라진 절의 형상을 그려보게 되었다.

신라가 만든 찬란한 불교 문명의 한 곳을 조금씩 찾게 된 것이다. 폐사지는 죽은 것이 아니었다. 폐사지는 지금도 살아 있다. 어느 시인은 폐사지를 은둔하고 자중하는 실체로 묘사하기도 하였지만 그들은 살아 있어 지금도 많은 이야기를 들려주고 있었다.

폐사지는 역사의 증인이며 역사의 진면목이었다. 우리가 더듬은 절터의 이야기를 여기에 모아서 다른 이들에게 들려주고 싶었다. 살아있는 역사의 한 부분을 알려 주고 싶었다. 폐사지의 이야기가 실체가 있는 사찰들이 품은 이야기보다 더 흥미롭다. 그리고 가치롭다.

2024년 한 해 폐사지에 대하여 우리들이 캐낸 이야기를 묶어 세상에 내놓음에 매우 큰 자부심을 느낀다.

2024년 12월

경주이야기팀 일동

차 례

용의 산에 올라 천년 삶의 길을 열다

영원한 것은 없다고 하지만, 이곳 석조 부처 두 분이 천 년을 온전(穩全)하여 국립박물관 전시실에서 사람들을 친견(親見)하고 있으니 화양연화(花樣年華), 감산(甘山)이 용의 산(龍山)에 오른 것이다.

미륵불(좌) 아미타불(우), 국립중앙박물관

감산사 절터는 현 감산사를 포함한 괘릉리 11번지 일원이며, 동쪽 토함산 산자락을 등지고 있다. 현재 사찰은 지형상 서향이며, 절터의 북쪽에는 동쪽 저수지와 연결되어 계곡이 흐르고 있다.

감산사는 토함산 서쪽에 형성된 넓은 골짜기 입구에 해당하며, 서쪽으로 마석산과 마주하고 있다. 마석산과 토함산 사이에는 원성왕릉이 있는 괘릉리의 낮은 언덕 사이에 완만한 경사의 경작지가 넓게 형성되어 있다. 이 평탄지를 가로질러 경주와 울산을 연결하는 국도가 개설되어 있는데, 이 길은 예부터 중요 교통로였다. 감산사의 북쪽에는 불국사와 석굴암이 있고, 동쪽 능선을 넘어가면 장항리사지에 이른다. 한편, 감산사지의 북서쪽 신계리 마을에는 '신계리사지2'가 있으며, 감산사지 북쪽 약 2km 지점에 불국사가 있다. 감산사는 719년 불국사는 751년에 창건되었으니 불국사보다 32년 먼저 들어선 것이다. 일설에 의하면 감산사를 창건한 김지성(652~720)과 불국사를 창건한 김대성(?~774)은 사촌간이란 이야기가 있다.

김지성이 부모님을 위하여 많은 재물을 들여 감산사를 창건하니 이를 본 김대성은 전생의 부모님을 위해서 석굴암을, 현생의 부모님을 위하여 불국사를 지었던가?

단지 부모님만을 위한 절이 아니라 국왕과 친족 그리고 국태민안을 위한 절이었을 것이다. 사촌간이던 아니던, 이 둘은 비슷한 시기에 살았던 명문가였기에 서로 친분도 있었을 것이고 김대성도 감산사를 둘러보았을 것이다.

김지성은 감산사 창건 후 돌아가신 어머니를 위해서 키 183cm의 화려하고 다정한 모습의 미륵보살상을, 아버지를 위해서는 키 174cm의 유려하고 기품 있는 아미타불상을 조성하여 봉안하였으니. 어머니의 키가 아버지보다도 10cm 더 큰 것은 생전의 모습을 나타낸 것인가? 또한 두 불상의 얼굴에도 그리운 부모님의 모습을 새긴 것은 아닐까?

불상의 광배에 새겨진 명문(銘文)은 설총이 지었고 글씨는 신라 최초의 왕희지체로 기록되어 있는 것이 놀랍기만 하다.

설총은 당대 최고의 학자이고 왕희지 서체는 김춘추에 의하여 신라에 처음으로 소개되었다고 한다.

명문에서는 "불교의 그림자가 신라에 널리 전파되었고 사찰은 우뚝 서고 탑들은 빽빽이 늘어서서 신라 땅이 사위성(舍衛城 :

기원정사가 있는 곳으로 석가모니가 성불한 후 25년을 살았음) 같고 극락과 비슷하다." 라고 묘사하여 당시 서라벌의 불국토를 상상 할 수 있게 해주고 있다.

감산사는 지금 크게 중창되었다. 감산사의 참된 옛 모습은 모르되 밝은 모습으로 새롭게 단장하여 찾는 이를 반갑게 맞이하고 있으니 김지성과 김대성의 효심과 인연은 오늘에도 여전히 유효한 것 같다.

감산사탑(경북문화재자료)

성덕왕 4년(745) 3월에 김지성이 견당사(遣唐使)의 정사(正使)가 되어 당나라에 갔는데, 바로 전 해에 당나라에서 '무구정광대다라니경'을 번역했으므로 김지성이 이를 구해왔다고 알려져 있다.

이때 김지성은 55세에 접어들어 노성한 시기였으니 아마 현재 총무처에 해당하는 집사부의 차관 자리인 전대등에 올라 있었을 것이다. 나라에서는 황복사탑에 최초로 다라니경을 봉안하였다 하니 김지성은 감산사 석탑에도 자기가 구해온 무구정광다라니경을 넣지 않았을까?

이후에 김지성은 벼슬을 내놓고 그의 별장인 감산장(甘山莊)에 내려와 '노자'와 '장자' '유가사지론'을 읽으며 유유자적하면서 권세의 허망함과 인생무상을 절감하고, 장차 이 감산장에 절을 짓기로 결심한 것으로 보인다.

이를 계기로 감산장(일대의 토지)을 내놓아 절을 만들어 감산사로 이름하였다. 이때 조성이 끝나가던 석조미륵보살입상과 석조아미타불입상을 각기 금당과 강당에 봉안하면서 성덕왕 18년 2월15일

석가여래 열반재일을 기해 봉불식(奉佛式)을 겸한 개산재(절을 창건하고 처음 올리는 재)를 크게 베풀었던 듯하다.

이 소식을 들은 성덕왕은 당대 최고학자인 설총(薛聰)을 시켜 조상기(造像記)를 짓게 하고 승려인 석경융과 대사(大舍) 김취원에게 각각 미륵보살입상과 아미타불입상의 조상기를 써 새기게 하였다. 그래서 아직 각자(刻字, 글자를 새김)에 들어가지 않았던 아미타불 조상기에서는 김지전으로 이름자를 바꿔 새긴 것이 아닌가 한다.

비로자나불(경북 유형문화재)

이름자의 뜻대로 이렇게 자신의 일생을 온전하게 마무리 짓고 나서, 김지전은 바로 다음 해인 성덕왕 19년(720) 4월 22일에 세상을 떠나게 되었고, 이 사실은 아미타불 입상조상기 말미에 추가로 새겨지게 된 것이리라.

폐사가 되어 조용히 숨어있던 '감산사'가 세상에 알려진 것은 1910년 무렵이다. 조선총독부는 외동 근처에 폐사지가 있다는 보고를 받고 두 사람의 일본인 관리를 당시의 외동면 신계리에 파견 하였다. 이들은 지금의 감산사 터 논바닥에 넘어져 있던 완전한 두 구의 불상을 발견하고 사실을 보고하였다.

당시 조선총독인 '테라우치'는 조선 총독부 시정(施政) 5주년을 기념하여 1915년 '조선물산공진회'를 경복궁에서 개최할 계획을 세웠다. 테라우치는 이 두 불상을 가져다 공진회에 출품하기로 결정하고 1915년 3월 감산사터에서 경복궁으로 옮겨오고, 비로자나불상은 논 한 쪽에 두었다. 그렇게 100여 년의 세월이 흐르고 흘렀다.

석조아미타불입상과 석조미륵보살입상은 국보로 지정되어 국립중앙박물관에 소장되어 있으며, 석조비로자나불좌상은 현재의 감산사 법당에 주불(主佛)로 모셔져 있다. 석조비로자나불좌상은 감산사 창건과 연관지어 8세기 초에 조성된 것으로 보이나, 정확한 조성 시기는 알 수 없고 착의법(着衣法,옷 입는 법)은 통견이며, 가슴 위에서 띠 매듭을 볼 수 있는데, 광배(光背)는 새로 만들어 세웠다.

왕즉불(王卽佛)이라 하였다. 김지성은 자신의 주군(主君)이요 근 40년 동안 태평치세를 이룬 성덕대왕의 모습을 돌에 새겨 축원한 것이 아닐까?

감산사는 건립 연대가 확실한 절터로, 세간에 알려지게 된 것은 1915년 두 불상이 발견 되면서부터 인데, 1929년 일본인 후지시마(藤島亥治郎)의 조사, 해방후 정영호, 김화영, 진홍섭 등의 학자들의 조사, 1960년대 초반 학자들의 조사에 의해 석탑이 현재와 같이 복원 되었고, 1965년 조사 이후 사지 내에 현 감산사가 건립되었고, 새로운 감산사를 짓기 위해 2001년 금당지와 석탑 주변을 발굴하였고, 2010년 석탑을 중심으로 지표조사를 실시하는 등, 여러 차례 조사 발굴이 있었고 각종보고서가 발간되었으나 전면적인 발굴 조사는 없었고, 현재는 건물이 들어서 사찰 주변에 대한 확장 조사를 실시할 필요가 있다.

쌍탑식 가람 배치를 한 감은사(感恩寺)

처음에는 진국사(鎭國寺)였다.

많은 사람들이 알고 있듯 감은사는 삼국통일을 이룬 문무왕의 호국 의지가 담긴 사찰로, 그 절터에는 조형미와 장엄함을 두루 갖추고 쌍둥이처럼 동쪽과 서쪽을 지키듯 웅장하게 선 석탑이 있다. 유홍준 교수는 『나의 문화유산답사기』에서 그 감동을 제대로 표현할 수 없어 "아! 감은사여, 감은사탑이여. 아! 감은사탑이여. 아! 감은사……."로 끝맺어야 했던 바로 그 탑이다. 유 교수는 특히 탑의 가운데로 솟아오른 철심은 신라 건축예술의 완결 미를 유감없이 보여준다고 추켜세웠다. 그리고 사리장엄구(舍利莊嚴具) 등 빼어난 신라의 불교 유물이 다수 발견되었다. 그런 이유로 사계절 내내 많은 사람이 찾는 경주의 대표적 관광지 중 하나이다. 때로는 말로 표현할 수 없고, 글로 쓸 수 없는 것도 만나게 되는 것 같다. 아니 어쩌면 그런 것들을 마주하는 순간이 삶에서 더없이 중요한 순간이 아닐까 생각한다. 감은사 석탑은 정확히 무엇이라 말할 수 없지만, 뭔가 분명히 전달되는 메시지가 있는 것 같다.

감은사지는 추령 재를 지나 동해 바다를 지척에 둔 경주시 문무대왕면 용당리에 천년 고찰 석탑만 덩그러니 남아 있다. 토함산에서 발원하여 양북면을 가로질러 동해로 흘러드는 대종천과 동해가 만나는 자리다. 사지는 연대산을 등지고 대종천을 바라보는 방향으로 입지하고 있는데, 이곳에서 대종천의 흐름을 700m 정도 따라가면 동해 변에 이른다. 동쪽 바다 가운데에 문무대왕의 산골 처로 알려진 문무 대왕릉이 있다. 또한, 사지에서 산자락을 따라 남동 방향으로 600m가량 이동하면, 신문왕대에 용을 친견하고 만파식적을 얻었다는 이견대(利見臺)가 자리하고 있다.

삼국을 통일한 문무왕이 시시때때로 침범해 오는 동해의 왜구를 부처의 힘으로 막아보고자 하는 염원(念願)을 담아 세운 절이다.

감은사지 동(좌) · 서(우) 삼층석탑

불행히도 문무왕은 생전에 사찰의 완성을 보지 못했고, 아들인 신문왕 2년에 이르러 마침내 감은사가 완공된다. 이 절의 이름은 본래 나라를 지킨다는 의미에서 진국사(鎭國寺)였으나 신문왕이 부왕의 호국 충정에 감사해 감은사(感恩寺)로 고쳐 불렀다.

『삼국유사』 만파식적조(萬波息笛條)에는 신문왕이 부왕인 문무왕을 위해 감은사를 창건한 내력을 다음과 같이 적고 있다. 문무왕은 해변에 절을 세워 부처의 힘으로 왜구를 격퇴하려 하였으나, 절을 완공하기 전에 위독하게 되었다. 문무왕이 승려 지의(智義)에게 "죽은 후 나라를 지키는 용이 되어 불법을 받들고 나라를 지킬 것."을 유언하고 죽자 이에 따라 화장한 뒤 동해에 안장하였으며, 신문왕이 부왕의 뜻을 받들어 절을 완공하고 감은사라 하였다. 감은사의 창건은 682년에 이루어졌으나, 실제로는 문무 왕대부터 진국사로 불사가 계획되고 있었다는 것을 알 수 있다. 이후 감은사의 명칭은 『삼국유사』 및 『삼국사기』에 수차례 등장하고 있다. 창건 당시 문무대왕이 호국용이 되어 이곳을 드나들 수 있도록 대왕암으로부터 감은사까지 지하수로를 만들면서 수십 길의 용소(龍沼)가 있었다고 한다. 그리고 금당 섬돌 아래에는 용이 들어올 수 있게 구멍 하나를 두었고, 바닷물이 넘쳐 감은사의 불전 섬돌 앞까지 이르렀다가 저녁 무렵 물러났다고 전한다. 절터에서 실제로 그 흔적이 확인되었다. 이 절터 자리는 동해로 나가고 들어오는 입구인 동해구(東海口)라 한다. 또한, 수도 신라에서 동해로 드나드는 최단 거리라 매우 중요한 곳이었다. 그래서 여기에 국찰(國刹)의 격에 맞는 거대한 탑을 세우고 절을 지었다.

신라 때 쌓았던 석축 안에는 갈대만이 이리저리 흔들리고 있다.

천천히 계단을 올랐다. 감은사지는 남쪽에서부터 중문, 쌍탑, 금당, 강당 순으로 배열된 통일신라시대 사찰의 전형적인 쌍탑식 가람이다. 남쪽에 중문 지가 있고, 강당지에 이르기까지 회랑으로 이어져 있다.

1959년 1차 발굴조사에서 쌍탑식 가람배치로 밝혀졌고, 1979년과 1980년의 2차 발굴조사 이후 2번에 걸쳐 중건되었으며 조선시대 초기에서 중기 사이에 폐사된 것으로 확인되었다. 발굴조사 결과, 「지정(至正) 11년(1351)」이라는 명문이 있는 청동반자(靑銅飯子), 9세기에 제작된 것으로 추정되는 금동여래입상 2구, 기와류·벽돌류·토기류·자기류 등 4,268점이 출토되었다. 금당은 장대석들을 마룻널처럼 잇대어 깔아 약 60㎝ 높이의 지하 공간을 마련한 것이다. 이 공간은 동해의 바닷물이 감은사 금당에 들어오게 했다는 『삼국유사』의 기록과 일치한다.

통일신라시대 석탑으로 가장 거대한 삼층석탑

중문 터가 있는 곳에서 나무계단에 올라서면 금당 자리 앞 좌우로 1,400여 년의 시간을 뛰어넘어 통일신라시대 석탑으로는 가장 높고 우람한 2기의 삼층석탑이 우뚝 솟아있다. 마치 쌍둥이처럼 닮아 있는 두 탑이 바로 감은사지 3층 석탑이다. 이 탑은 목탑의 목조 구조를 단순화시킨 새로운 석탑의 양식을 만들어낸 것으로 1962년에 국보로 지정되었다. 탑신부의 1층과 2층은 각 면을 하나의 돌로, 3층은 전체를 하나의 돌로 만들었다. 상륜은 없어졌고 그것을 끼웠던 3.5m의 철제 찰주(擦柱)만이 남아 있다. 동, 서 두 탑은 같은 구조로, 전체 높이가 동탑이 약 13.34m이고, 서탑은 13.73m로 그 규모가 비슷하다. 감은사는 쌍탑일금당(雙塔一金堂)이라는 통일신라 절집 배치의 모범을 보여주고 있다.

동탑의 전각 모양의 사리기

서탑의 주변에는 일정한 너비의 탑구(塔區)가 마련되어 있다. 그래서 탑구를 따라 탑을 돌 수 있는 탑돌이 영역인 것이다. 탑신과 옥개석의 내부는 잡석으로 메워져 있다. 그런데 3층 탑신만은 석재가 하나인데 이것은 규격이 작기도 하지만 사리장치를 넣기 위해서이다. 서탑은 부실 복원공사로 논란을 빚다가 지금은 탑의 보수공사를 모두 마쳤다.

신라금속 공예의 진수를 보여주는 사리장엄구

1959년 12월 감은사지 서쪽 탑을 해체 수리할 때 3층 탑신의 사리공에서 발견된 감은사 터의 사리장치는 오랜 세월에 많이 부식되어 원형 그대로는 아니지만 각 부분에 나타난 섬세하고 조각이 아름다운 중요한 문화재로서 신라금속 공예의 진수를 보여주는 작품이다.

동탑의 사리 갖춤은 1996년 동탑을 해체했을 때 3층 탑신석

수정으로 만든 사리병과 사리기(동탑)

윗면의 사리 보관 장소에서 발견되었는데, 보물로 지정되어 있다. 왼쪽 전각 모양의 사리기는 오른쪽에 있는 상자 모양의 장방형 사리 외함에 들어 있었다. 전각 모양 사리기는 실제 건물처럼 기단이 있고 그 위에는 난간을 둘렀다. 사리는 수정으로 만든 사리병 안에 넣은 후 사리기 가운데 있는 보주 안에 보이지 않도록 다시 넣었다. 주위에는 사천왕상과 스님 상이 사리를 보호하기 위해 둘러서 있다. 기둥 위에 올린 보개에는 넝쿨무늬와 불꽃무늬 등이 화려하게 장식되어 있다. 동탑 해체 당시 나온 사리 54과는 1996년 10월 이곳에서 나온 사리기와 사리함을 원형 그대로 복원한 후 그 안에 넣어 다시 탑 안에 봉안하였다.

서탑에서는 1959년 해체 수리 당시 제3층 탑신의 상면 사리공(舍利孔)에서 사리장엄구가 창건 당시의 상태로 발견되었다. 네 면에 금도금을 한 사천왕상이 조각된 사리 외각 함(높이 31cm)은 상자형으로, 방추형의 뚜껑이 덮여 있고 아랫부분의 일부가 파손되었다. 사리함의 4면에는 사천왕상을 1구씩 조각하여 붙였다. 사천왕의 좌우에는 짐승 얼굴을 한 고리가 달려 있고 그 주위에 꽃무늬가 장식된 동판을 붙였던 것으로 보인다. 상태가 온전한 두 상은 각각 소와 난쟁이를 밟고 서 있다. 감은사 터의 사리장치는 오랜 세월에 많이 부식되어 원형 그대로는 아니지만 각 부분에 나타난 섬세하고 조각이 아름다운 중요한 문화재로서 신라금속 공예의 진수를 보여주고 있다. 사리기 역시 당시 왕실 발원의 공예품으로서 대표적인 예라고 할 수 있다.

감은사지 동탑 사리의 주인공은 당시 신라 시대의 불교사상을 검토했을 때 왕으로는 최초로 화장을 했던 문무대왕의 사리일 가능성이 크다는 것이다.

동탑의 사리 외함

서탑의 사리 외함

덕동호에 잠겨있는 고선사지

고선사에 주석하던 원효는 당대 최고의 고승이었다.

고선사의 정확한 창건 연대는 알 수 없지만 『삼국유사』 「의해」 편 '사복불언' 조에 "사복의 어머니가 돌아가시니 이때 원효(617-686)가 고선사에 머물고 있었는데……"의 기록으로 보아 신문왕(681-692) 이전에 창건된 것으로 보인다. 이후 『고려사』에 1021년 5월(고려 현종 12) "상서좌승 이가도에게 명하여 이 절에 있던 금란가사(金襴袈裟)와 불정골(佛頂骨), 창림사에 있던 불아(佛牙)를 가져오게 하여 내전에 안치하였다"는 기록이 있다. 이로 미루어 볼 때 이때까지는 고선사가 폐사되지 않은 것으로 보인다.

1913년 일제강점기 일본인 학자가 이 절터에서 서당화상(誓幢和尙) 비편을 발견하였다. 이 비는 원효대사의 행적비로 『삼국유사』의 기록대로 고선사에 원효가 주석하였음을 확인하고 있다. 이후 고선사지가 덕동댐의 건설로 수몰되기 전 1975년 문화재관리국 산하 경주유적관리사무소에 의해 발굴조사 되었다.

원효(元曉)에 대한 호칭은 다양하다. 『삼국사기』 「열전」 '설총' 조에서는 원효거사(元曉居士), 『삼국유사』 「기이」편 '태종 김춘추' 조와 「탑상」편

및 '낙산 이 대성 관음 정취 조신'조 등에서는 원효법사(元曉法師), 「이해」편 '이혜 동진', '의상전교'조 등에서는 원효대사(元曉大師), 같은 조 '원효불기(元曉不羈)'조에서는 성사(聖師), 일제강점기인 1915년 일본인에 의해 고선사에서 발견된 서당화상비에는 화상(和尙)으로 기록되어 있다. 또 『신증동국여지승람』 '분황사' 조에는 화쟁국사라고 하였다.

원효가 일시적으로 환속하여 요석공주와의 사이에서 설총이 탄생하였기에 거사라 칭했던 것이다. 법사란 부처의 가르침에 정통하고 교법(敎法)의 스승이 되는 스님을 이른다. 그리고 일반 대중에서는 대사라고 불리었는데 대사란 고승 대덕 즉 큰스님을 이른다. 이외에도 성사란 선정에 통달한 스님, 화상은 신심이 돈돈하며 깊이 정진한 스님, 국사란 스님 중 가장 높은 등급으로 나라의 스승이 될 만한 스님에게 조정(朝廷)에서 내린 칭호이다

이와 같이 원효에 대한 다양한 호칭으로 미루어 그는 두루 거침이 없는 최고의 스님이었다.

'사복불언(蛇福不言)' 조에 의하면 당시 고선사에 주석하던 원효가 신이한 행적을 보이던 사복과 함께 사복의 어머니 장례를 치렀다. 또 '이혜동진'조에 의하면 원효가 오어사에 주석하던 혜공을 찾아 '여시오어(汝屎吾魚)' 법거량을 하고, 불법에 대해 묻곤 했다고 한다. 당시 원효는 이곳 고선사에서 무장산을 너머 자주 오어사를 다닌 것으로 보인다. 필자는 2007년 가을 경주학연구원에서 공부할 당시 고 이근직 교수의 지도로 암곡에서 무장산을 너머 원효스님이 다니던 길을 더듬어 오어사까지 답사를 다녀온 적이 있다. 암곡 공영주차장을 출발하여 무장봉 억새 군락지를 지나 북동쪽으로

10여 Km 거리인데 약 3시간 정도 걸린 것으로 기억된다. 길을 찾느라 헤맨 적도 있었다. 이 정도의 거리라면 당시 원효스님이 수시로 오어사를 찾을 정도였을 것이다.

『삼국유사』「의해」'원효불기' 조에는 벼루를 소의 두 뿔 사이에 놓고 삼매경소(三昧經疏)를 짓고 대안법사가 바로잡았다는 구절이 있다. 이 기록 등으로 미루어 사복, 혜공, 대안 등은 한때 원효보다 뛰어난 고승이 아니었을까 추정되기도 한다.

한국의 가장 위대한 사상가이자 종교인인 원효(元曉, 617~686). 이 나라 불교의 새벽을 활짝 열어젖힌 그는 성과 속을 자유로이 넘나들던 무애도인(無碍道人)이자 분열과 다툼을 종식시킨 화쟁(和諍)의 달인이었다. 일정한 스승이 없었지만 뛰어난 저술들로 동아시아 불교를 주도한 사상가였으며, 광대의 옷을 걸치고 불교의 이치를 노래로 지어 민초들에게 들려준 거리의 성자였다. 원효는 과거의 인물이 아니다. 오늘날까지 한국인들의 큰 존경을 받는 불교인이며, 가장 많은 연구가 이뤄지는 사상의 바다다. 그렇기에 한국불교가 원효를 닮아 가면 대중의 마음을 얻을 것이요, 원효와 멀어지면 불교의 본령을 잃게 되고 결국 대중의 번뇌만 들끓게 할 뿐이다.

학계 일부에서는 7세기 동아시아에 불교 3걸이 있었다고 하는데, 인도로 불전을 찾아 나선 현장, 아예 중국의 불교를 창조한 혜능, 그 사이에서 한역 교학을 자신의 삶에 귀환시킨 원효가 있다.

『송고승전』에서는 이렇게 원효를 찬탄했다.

蓋三學之淹通(개삼학지엄통)

경전의 의미에 정통하고

彼土謂爲萬人之敵(피토위위만인지적)

그 나라의 만인을 상대할만하다고 일컬어졌으며

精義入神爲若此也(정의입신위야차야)

면밀하고 옳음이 신의 경지에 이르렀도다.

원효의 전기(傳記)는 현재 '송고승전(宋高僧傳)' '고선사(高仙寺) 서당화상비(誓幢和上碑)' '삼국유사(三國遺事)' 등에서 전해진다.

원효 스님과 인연이 있는 사찰이 전국에 100여 군데가 넘고, 스님과 관련된 설화는 손으로 꼽을 수 없을 정도로 많다. 그만큼 우리 불교계에 미친 영향이 지대하다.

고선사지 삼층석탑 등은 국립경주박물관으로 옮기었다.

고선사지는 덕동호 서편에 있었던 사찰이다. 일제강점기인 1913-1914년에 일본학자들에 의해 이 사지에 대한 발굴조사가 있었으나 남겨진 기록이 없다. 특히 사리장치 등이 이때 없어졌을 것으로 보고 있다. 이후 경주고도 종합개발계획에 따라 덕동댐이 건설되면서 수몰되기 전, 사지를 발굴하여 금당, 강당, 중문, 회랑지 등을 확인하고 비신이 없어진 귀부를 비롯해서 건물 초석, 건물 부재인 기와, 전돌 등 유물들을 수습한 후 삼층석탑, 귀부와 초석 등은 국립경주박물관 신라미술관 남쪽 야외로 옮겼다.

경주 고선사지 삼층석탑은 2층으로 된 기단 위에 3층의 몸돌과 지붕돌로 구성되어 있는데, 이는 통일신라 시기 석탑의 전형적인 모습이다. 탑의 높이는 9m이지만 옮기면서 높이가 조금 더 높아져서 현재 높이는 10.2m다.

1층의 몸돌을 크고 높게 해놓은 것에 비하여 다른 층이나 기단의 높이는 낮아서 약간 둔한 느낌이지만, 일단 자체 크기가 상당한 거탑이라 장중한 인상을 준다. 이 탑은 신라 석탑의 전형적인 형태인 위로 올라갈수록 몸돌과 지붕돌의 크기가 차츰 줄어드는 양상에 충실하여 안정감이 있다. 본 석탑의 각 층 몸돌의 양쪽에는 모서리기둥[우주(隅柱)]을 양각으로 새겨놨으며, 지붕돌[옥개석(屋蓋石)]의 아래로는 5단의 받침이 있다. 1층의 몸돌은 8개의 돌로 짜 맞추었다. 특이한 점은 통일신라 초기에서 중기 사이의 석탑에선 몸돌에 모서리기둥을 제외하면 대개 별다른 장식이 없는데, 이 탑은 특이하게도 1층 몸돌의 4면에서 문 모양의 장식[문비(門扉)]이 있다. 이 장식은 테두리를 2단으로 음각하여 문의 모양을 나타내어 감실을 표현하려 한 것이다. 또한 문 모양 가운데에 원형으로 된 흔적 2개가 발견되는데 이는 문고리를 표현한 것으로 보인다.

고선사지 삼층석탑(좌), 고선사지에서 출토된 석재(중 상), 와당(중 하), 서당화상 비편(우)

이외에도 문 모양 장식의 내부 상하 모서리에 작은 구멍이 있는데, 문 위에 덧씌우는 장식을 붙이기 위해 뚫어 놓은 것으로 추정된다.

2층의 몸돌은 4개의 돌로 조립한 것으로 네 모서리의 우주를 제외하면 특별한 장식은 없다. 1층, 2층, 3층의 지붕돌들도 모두 8개의 돌로 짜 맞춘 것으로 각 층마다 크기는 다르나 형태는 모두 같으며 가운데에 연결선이 명확하게 나타난다. 3층의 몸돌은 1, 2층과는 달리 하나의 돌로 만들었다. 다만 네 모서리에 우주가 있는 것은 다른 층의 몸돌과 같다. 3층의 몸돌을 하나의 돌로 만든 것은 다른 층들에 비해 크기가 작고 또 탑에 모실 사리장엄구를 넣을 공간을 마련하기 위한 것으로 보인다.

상륜부(相輪部)는 노반(露盤)과 복발(覆鉢), 앙화(仰花)가 남아 있고, 찰주(擦柱) 등은 없어졌다.

이 석탑의 건립 연대는 명확히 알 수 없지만, 감은사지 동·서 삼층석탑과 함께 통일신라시대 초기의 양식을 보인다. 제작 양식이 감은사지 석탑들에 바로 이은 통일신라시대 초기 석탑 형태라는 점과 기존에 고선사터에서 발견된 서당화상비에 드러난 내용으로 추정해 볼 때 원효대사가 입적한 686년(신라 신문왕 6) 경에 탑을 세웠을 것으로 추측한다. 그러나 일부에서는 고선사가 앞선 가람 배치인 '1탑 1금당' 구조이고 감은사는 후행 가람배치 형태인 '쌍탑 1금당' 구조라는 점을 들어 고선사탑이 시기적으로 조금 더 앞선 것으로 보기도 하나, 큰 차이가 없는 것으로 보인다.

고선사는 금당 구역과 탑 구역이 나란한 형태를 가진 국내 유일의 사찰이다. 동쪽의 금당 구역은 금당을 중심으로 앞에는 중문, 뒤에는 강당이 자리 잡았고 사방을 회랑이 둘러싸고 있었다. 탑

구역은 금당 구역보다 규모는 작지만 역시 회랑을 두른 모습이었다. 이런 구조는 처음부터 의도한 것은 아니라는 연구도 있다. 금당 구역을 먼저 짓고, 석탑이 필요해지면서 구역을 추가로 조성했다는 것이다.

고선사터에는 삼층석탑 이외에도 귀부와 석등 대석, 주춧돌과 장대석이 대거 남아 있었다. 이것들도 모두 경주박물관으로 옮겼다. 하지만 가람 구조와 관계없이 무의미한 모습으로 놓여 있는 것은 아쉬운 일이다.

이곳 고선사에서 또 하나 주목해야 될 것은 이 절에 주석했던 원효의 행적을 기록한 서당화상비편의 발견이다. 현재 이 비편은 경주박물관이 아랫부분을, 동국대박물관이 윗부분을 소장하고 있다. 비석에는 원효의 출생, 수학, 저술, 교화, 입적, 추모의 내용이 순서대로 적혀 있다. 유성이 몸으로 들어오는 태몽과 태어날 때 오색구름이 자욱했다는 대목은 『삼국유사』 기록과 일치한다.

통일신라시대 사찰로 전해오는 굴불사지

아카시아 꽃향기가 코끝을 찌를 듯 짙고, 달콤한 향기를 내뿜는다. 솔숲에는 솔향기와 더불어 공기가 유난히 상큼하다. 오늘은 상큼한 공기를 마시며, 통일신라시대 사찰로 전해오는 굴불사지를 찾기로 하였다.

필자는 평소에도 경주에서 북악이라 일컫는 금강산에 산행하러 자주 간다. 그때마다 백률사 아래 위치한 굴불사지에 들러서 석조사면석불 둘레를 돌며 가족의 평안을 위하여 기도를 올린다.

굴불사지는 경주시 북동쪽의 금강산 서쪽 기슭에 있는 통일신라시대의 사찰 터로 행정구역상으로는 경상북도 경주시 동천동 산 4번지이다. 굴불사지를 찾아가는 길은 시청 뒷길인 백률로를 지나 포항 울산 간 산업도로와의 교차로를 건너 왼쪽으로 가면 주차장이 있다. 이곳에서 울창한 떡갈나무 사이에 난 길을 100여 미터 올라가면 왼쪽에 옛 사찰이 사라진 굴불사지에 이르게 된다.

굴불사지와 석조사면석불의 모습

굴불사지에는 높이 약 3.5m의 자연암석 사면에 여러 형태의 불상이 조각되어 있다. 1963년 1월 21일 「경주 굴불사지 석조사면석불상」으로 보물로 지정하여 보존하고 있다.

입구에는 안내판이 있고, 자그마한 다리를 건너면 굴불사지 석조사면석불 앞에 서게 된다.

『삼국유사』 권제3 「탑상」 제4 '사불산, 굴불산, 만불산' 조에는 "신라 제35대 경덕왕이 재위(742~765) 기간에 백률사로 행차하여 산 아래에 다다랐을 때, 땅속에서 염불하는 소리가 들리므로 사람을 시켜서 파보니 큰 돌이 있는데, 사면에 사방불이 새겨져 있었다. 이로 인하여 사찰을 세우고 사찰 이름을 굴불사라 하였다. 그러나 지금은 잘못 전해져서 굴석(掘石)이라 한다."라는 내용이 기록되어 있다.

이처럼 굴불사는 경덕왕 때 창건된 통일신라시대 사찰로 알려져 있다. 그러나 정확한 창건연대와 실존기간 등을 알 수 없을 뿐만 아니라, 가람의 규모와 구조를 알 수 없다. 다만 통일신라시대에 조각된 것으로 알려진 석조사면석불만 남아 있어 사찰 터를 짐작하게 하고 있다. 아울러 석불만 불자들의 신앙의 대상으로 남아 오늘에 이르고 있다.

굴불사의 창건과정과 실존기간은?

굴불사지는 1910년 이전에 일본인에 의해 현황조사가 이루어졌고, 본격적인 발굴조사는 「경주고적발굴조사단」에서 1985년에 이루어졌다. 필자는 「굴불사 고적발굴조사 보고서」[1]의 내용을 근간으로 하여 굴불사의 창건과정과 실존기간 등을 이야기해 보고자 한다.

굴불사지 발굴조사 결과 통일신라시대의 건물지로 보이는 유구는 분명하게 확인되지 않았으나, 고려시대부터 조선시대에 이르는 크고 작은 건물지가 확인되었다. 그러나 고려시대의 건물지의 하부에서 일부 적심으로 보이는 유구가 부분적으로나마 확인되었기 때문에, 이것이 통일신라기의 유구임을 알 수 있게 되었다고 한다.

고려시대 건물 유구를 구체적으로 살펴보면 통일신라기의 지표면을 정리하여 기단을 만들고, 아울러 통일신라기의 주초석을 일부 재사용하였다. 이 시기에 세워진 건물의 규모는 동서 3칸, 남북 3칸 규모로 확인되었다. 또한, 조선시대 기와가 수습되어 이 건물이 조선 중엽에 이르기까지 목조기와의 건물로 존재하였음이 밝혀졌다.

그뿐만 아니라 통일신라시대 금동여래입상과 석파편, 원형초석 등과 고려시대 층위에서 '동사(東寺)'라고 새겨진 명문 있는 와편과 청동향완, 청동소종 등 유물이 출토되었다. 조선 시대 유물로는 분청사기편과 백자편, 상평통보 등이 출토되었으며, 발굴조사 결과 시대별로 많은 유물이 출토되었다.

이처럼 출토된 유물로 미루어 볼 때, 『삼국유사』의 기록과 같이 굴불사가 통일신라시대 경덕왕 때 창건되어 신라가 망할 때까지 계속 존속되었으며, 고려시대에는 한 때 사찰 이름이 '동사'로 불린

---

1) 문화재연구소, 「굴불사 고적발굴조사보고서」, 대한인쇄소, 1986, pp.1~289.

「동사(東寺)」명 암기와 출토
출처: 굴불사고적발굴조사보고서

시기가 있었던 것으로 보인다. '동사'라는 사찰 이름은 고려 성종 14년(995)에 지금의 경주를 3경의 하나로 동경(東京)이라 불렀으니, 이와 관련이 있는 것 같다. 그러나 당시 경주에 있던 유수의 관아 위치에서 동쪽에 있는 사찰이라는 의미에서 '동사'라고 불렀을 것이라는 견해도 있다.

고려 명종 때인 1183년에는 한 차례 불사가 이루어져 이때에는 사찰명이 굴석사로 불리고 있었으며, 이 굴석사의 이름은 일연이 삼국유사를 편찬할 시기인 1280년대까지 계속되었음을 알 수 있다.

몽고의 침입으로 1238년 아니면 1250년대에 당시 굴불사에 사용하던 중요 불구를 함께 지하에 매장하고 승려들은 사찰을 떠났던 것으로 판단된다. 그 후 몽고병란은 끝났으나 사찰을 떠났던 사람은 다시 돌아오지 못하고 조선시대에 들어와 숙종 때인 1681년에 다시 불사가 이루어진 후, 100년가량 법등이 존속되었던 것으로 보인다. 그 후 다시 폐사되었고, 석조사면석불은 자연적으로 매몰되었다. 1909년에 일본인들이 석조사면석불이 겨우 머리 부분만 노출된 것을 발견하여 주변에 쌓였던 흙을 제거하고 복원하였다. 근래에 들어서는 1981년과 1985년에 발굴조사가 시행되어 불전에 대한 규모를 확인하기에 이르렀다. 2022년에는 힌남노 태풍으로 또다시 석조사면석불과 굴불사지가 묻히는 등 큰 피해를 입었다.

2024년 흙을 제거하고, 복구하여 현재와 같이 정비되었다.

굴불사의 가람 규모와 구조는 어떠했을까?

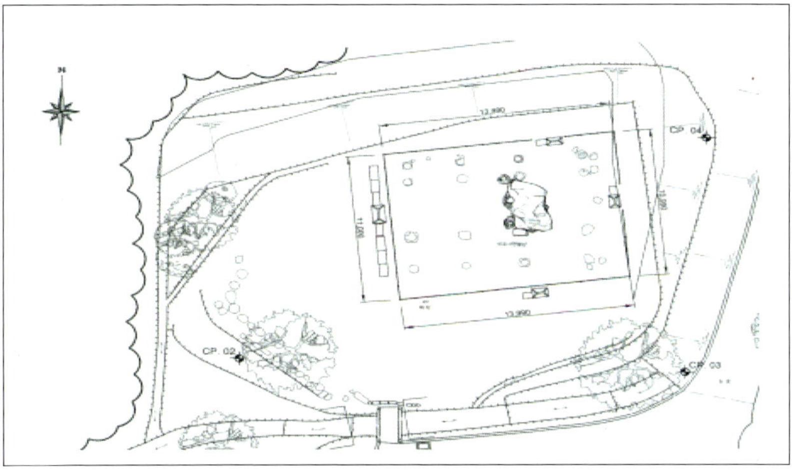

굴불사지 법당 초석 배열도
(출처: 경주 굴불사지 정밀실측조사 보고서)

굴불사지에 들어서면 석조사면석불 주위에 초석들이 가지런히 남아있다. 그래서 이 자리에 법당이 있었으리라는 짐작을 쉽게 할 수 있다. 발굴조사 결과 고려시대의 법당 초석은 현재 지상에 노출되어 있는데, 동서 3칸, 남북 3칸 규모로 확인되었으며, 초석간 전체 길이는 동서 10.6m, 남북 7.88m로 동서가 약간 큰 방형 평면이다,

전체 길이가 긴 남측면을 기준으로 주간을 살펴보면, 각 칸의 주간은 서측부터 3.2m, 3.5m, 3.9m로 전체 길이는 10.6m이다.

측면은 북쪽부터 1.36m, 4.12m, 2.4m로 전체 길이는 7.88m로 면적은 83.53㎡이다.[2)]

굴불사지 법당 초석 배열도를 보면, 석조사면석불은 내진(內陣) 동편에 치우쳐 동쪽 외진(外陣) 중간 부분까지 걸쳐 놓여 있었다. 그리고 남북간 초석열의 중앙간과 동서간 동쪽 측간이 넓은 주간 거리를 이루고 있었고, 서쪽으로부터 제3열의 남북간 북쪽 내진주 초석과 남쪽의 내진주초석으로 이용된 안상이 새겨진 방형석재는 석불 남면과 북면에 바짝 붙도록 배치되어 있다. 그래서 기둥을 세울 때 북면 좌측의 보살입상 일부와 남면 우측의 불상이 결실된 부분이 기둥에 가려지게 되어 있었다. 이와 같은 초석 배치와 석불의 위치는 주변 지형과 주존에 대한 예불공간의 배려 때문이라고 생각된다. 그러므로 굴불사 법당은 아미타삼존상을 주존으로 하는 서향건물이라 볼 수 있다.

한편, 다른 견해로는 남면이 3칸이고, 길이가 10.6m, 서면도 3칸으로 7.88m로서 남면이 서면보다 길다. 이를 통해서 아미타 삼존상을 모신 서쪽이 아닌 석가여래상의 방향과 같은 남향의 건물로 보는 견해도 있다.

당시 굴불사에는 법당 외의 부속건물이 있었을까? 굴불사지의 서북편에는 서남과 동북 방향으로 비스듬히 놓인 소규모의 건물지가 노출되었는데, 건물지 기단지 내부에서는 고려와 조선시대의 와편, 자기편들이 다량으로 출토되고 있는 점으로 보아 석불 주변의 최종 건물지보다 후대인 조선시대의 건물지로 보인다고 한다. 건물지의

---

2) 경주시 편집부, 「경주 굴불사지 석조사면불상 : 정밀실측조사 보고서」, 경주시, 2019, p. 134.

규모는 정면 3칸, 측면 1칸으로 중앙 칸이 좁고, 서쪽 칸이 넓게 마련되었다. 그 외에도 법당의 부속건물로 여러 형태의 건물이 있었을 것으로 추정된다.

신도들의 신앙대상이었던 석조사면석불

석조사면석불 앞에 이르니, 금강산 서쪽 기슭에서 신라인들의 흔적, 그들의 숨소리, 이야기들이 바람을 타고 들려오는 듯하다. 신라인들은 통일신라시대에 불교가 공인되면서 영산의 바위를 신처럼 받들면서, 바위 속에서 부처를 찾기 시작했다. 신라의 영산의 하나였던 금강산 굴불사 바위에서 신라인들이 찾아낸 부처는 어떤 모습일지, 석조사면석불을 한 번 탑돌이 해보자.

굴불사지의 불상은 긴 쪽 너비 약 4m, 짧은 쪽 약 2.8m, 높이 약 3.5m 크기의 자연암석 4면에 새겨져 있는데, 환조, 부조, 선조의 불상과 보살상 등 총 8구가 있다.

암석의 사면에 새겨진 사면불의 주인과 표현 양식을 보면, 서면의 중앙에 있는 부처는 아미타불이며, 굴불사의 본존불로 되어 있다. 본존불인 아미타불은 바위에 몸체를 높은 부조로 양각하였고, 머리는 별개 돌로 환조하여 목 위에 얹어 놓았다. 소발에 삼도가 뚜렷하고 오른손이 위로 올려져 있는 것으로 보아 시무외인 한 것 같으나, 흉부 부분이 탈락하여 정확한 수인은 알 수 없다. 법의는 양어깨에 걸쳐진 통견이고, 앞에는 U자형의 옷 주름이 계단식으로 조각되었다. 발은 가지런히 하여 앞으로 나오게 마련한 대좌에 올렸는데, 대좌에는 앙련이 조각되어 있다. 아미타여래는 중생을 구제하여 서방정토에 왕생케 하는 부처로 수명 장수함으로 무량수불이라 하며, 무량한 빛을 상징하여 무량광불이라고도 한다.

양쪽 협시보살상은 둘 다 별개의 석주에 원각된 입상으로 좌측의 협시불은 관음보살상으로 알려졌으며, 몸체가 전체적으로 본존을 향해 삼곡자세를 취하고 있다. 관음보살은 보관에 화불을 두며, 세상의 소리를 들어 알 수 있는 보살이므로 괴로운 중생을 위로하고 그것을 덜어주는 역할을 한다.

서면의 아미타 본존불상과 협시불상

우측 협시보살상은 대세지보살상으로 알려졌다. 머릿돌이 결실되어 없고, 현재 목 위에는 다른 불상 편이 얹혀 있다. 정병을 들고 있는 대세지보살상은 전체적으로 파손된 부분이 많다. 대세지보살은 지혜의 광명으로 일체 세계와 중생을 두루 비추어 고통을 없애주는 보살이다. 양쪽 협시보살상은 양발을 앞으로 가지런히 내밀어 다른 돌로 만든 양련대좌를 밟고 서 있다.

동면에는 있는 석가여래상은 원래는 서면의 아미타 삼존불처럼 삼존불이 조각되어 있었던 것으로 보인다. 그러나 현재는 우협시불이 완전히 떨어져 나가 그 형체를 알 수 없고, 본존의 두부 역시 떨어지고 없다. 이것은 일제강점기 때 일본인들의 손에 의해 파괴된 것으로 전해지고 있다.

남면의 이 두 불상은 굴곡진 신체의 맵시 있는 처리, 얇은 옷

남면

동면

북면

무늬의 흐르는 듯한 묘사로 인해 우수한 작품으로 꼽히고 있다. 대좌는 불상과 다른 돌로 만들어 양발 밑에 받혀놓았으며, 복련 · 중대 · 앙화를 갖추었다.

동면의 약사여래상은 결가부좌를 하고 있으며, 왼손에는 약합을 들고 있다. 오른손은 약간 파손되었으나 시무외인을 취하고 있는 것으로 추정된다. 두광은 두 줄의 음각선으로 표현되어 있으며, 신광은 두 줄로 된 양각선 바깥으로 화염문인 듯한 문양이 새겨져 있다.

북면 좌측에 높게 부조된 보살입상은 미륵보살로 알려졌으며, 높이 틀어 올린 머리에는 보관을 쓰고 있다. 손을 든 자세나 천의를 두른 모습이 남면의 보살상과 매우 비슷하다. 그 오른쪽에 선각으로 된 보살상은 여섯 개의 손이 있고, 십일면의 얼굴을 가진 십일면육비의 관음보살을 표현하였다.

석조사면석불은 전체적인 표현 양식을 보면, 경덕왕 대인 742년~765년 사이 혹은 그보다 약간 올라가는 시기에 조각되었을 것이라 보고 있다. 오늘날에는 비록 법당은 없어졌으나, 노출된 석불의 영험함이 널리 알려져 소원성취를 위해서 신도들이 많이 찾아오고 있다.

'이차돈의 순교 이야기'는 남간사에서 출발하였다(?)

사지라는 진한 여운을 간직하고 있는 남간마을

뻗어나온 남산 산줄기의 안의 남간마을

경주 남산은 골골마다 절이 없는 골[谷]이 없지만 경주 탑동(塔洞)의 서남산 기슭에는 남산에서 절이 가장 많이 세워졌던 곳이라고 여겨지는 지역으로 수많은 절터가 있다. 남간마을을 중심으로 반경 1㎞ 정도 안에만 하더라도 담엄사지, 천관사지, 금광사지, 천은사지, 사제사지, 창림사지 등등, 그 외 이름 없는 절터까지 그야말로 밤하늘의 별처럼 총총이다. 윤경렬은 그의 저서 『겨레의 땅 부처님 땅』에서 그 이유를 "서울이 제일 가까운 때문이겠지만 나라를 지키는 소중한 곳 남산성(南山城)을 위한 염원으로 세워진 절들도 있으리라 생각된다"고 했다.

그런 곳에 남간마을이 자리하고 있는데 마을이 먼저인지, 절이 먼저인지는 몰라도 마을이름을 닮은 남간사(南澗寺)로 추정하는 절터가 있다.

『삼국유사』「신주(神呪)」편 '혜통항룡(惠通降龍)'조에 의하면 승려 혜통이 남산 서쪽기슭 은천동 어귀에 집이 있었는데 이는 지금의 남간사 동쪽마을이라고 기록되어 있다"〔釋惠通 氏族未詳 白衣之時 在家南山西麓銀川洞之口[今南澗寺東里]〕" 여기에 '남간사'라는 절 이름이 나타나고 있지만 남간사가 남산 서쪽기슭에 위치했다는 것 뿐 창건연대나 창건자는 알 수가 없다.

한편『삼국유사』「흥법」편 '원종흥법염촉멸신(原宗興法厭髑滅身)'조에 의하면 원화(元和)[3]년간에 남간사의 스님 일념(一念)이 「촉향분예불결사문(髑香墳禮佛結社文)」을 지었다는 기록이 있는 것으로 보아 적어도 서기820년 전에는 남간사가 창건되어 있었다는 것을 추측할 수 있다.

지금 남간마을에는 지난날 절집의 흔적을 알려주는 잔해가 수(數)도 없이 널려있다. 절터는 현재의 민가로 바뀌는 과정에서 주춧돌은 마당의 디딤돌로, 건축물의 기단과 갑석 등은 축대로, 깨어진 탑의 옥개석은 텃밭의 울타리로, 그 외 쓰임새를 알 수 없는 수많은 석조 부재들은 한 때는 절집 구성의 중요한 한 부분을 지탱했을 것이나 지금은 다만 폐사지의 유물들로, 흐르는 세월을 감당

민가에서 사용중인 폐사지의 부재들

3) 元和 : 중국 당나라 헌종때의 연호로 806~820년간을 말함.

하고 있을 뿐이다.

마을의 중앙에 연이어 위치하고 있는 민가 셋집에는 특히 많은 흔적들을 볼 수 있는데 이런 부재들을 어디에선가 옮겨오지 않았다면 아마 여기가 옛날 남간사의 법당 터일 것으로 생각해 본다. 그 중 한 집의 담장 아랫부분은 생각보다 큰 자연석을 담장의 기초석으로 사용하였는데 이 자연석들이 남간사 절자리 조성에 사용된 돌들이 아닐까 하는 생각을 해 보았다.

마을 앞 조금 떨어진 곳에는 절의 강당이 있었음인가, 강당못으로 불리는 저수지가 있고, 또 당간지주가 있어 그 옛날 절의 규모를 가늠해 보건데 이 부근에 있었던 많은 사찰 중 가장 큰 사찰이었고, 그래서 크게 번창하지 않았을까 생각해 본다. 강당못 둑에는 '여기는 문화재지역이니 낚시를 금한다'는 팻말이 서 있는데, 물을 빼 보면 강당터를 받치던 주춧돌이라도 나올까. 그래서 사라져 간 남간사를 다시 일으킬 수 있다면….

남간사, 일념의 흔적은 찾을 수 없어도

앞 절(節)에서 남간사 창건의 연대를 유추해 보는 글에서 남간사의 일념(一念)스님이 원화(元和)년간, 즉 서기806년에서 820년 사이에 「촉향분예불결사문(髑香墳禮佛結社文)」을 지었다는 기록이 『삼국유사』에 실려 있다는 이야기를 했다.

「촉향분예불결사문(髑香墳禮佛結社文)」을 풀이해 보면, 촉(髑)은 염촉 즉 이차돈의 다른 이름이고, 향분(香墳)은 묘지에 향을 피운다

(=사른다)는 뜻으로 '이차돈의 무덤 앞에 향을 피워 올리며 예불을 드리고 결의를 다지는 글'로 풀이할 수 있겠다.

이차돈의 묘에 예불을 드렸다는 내용 역시, 『삼국유사』「원종흥법염촉멸신(原宗興法厭髑滅身)」조에 나타나 있는데 요약해 보면, '국통(國通) 혜륭, 법주(法主) 효원 등등이 염촉의 옛무덤을 다시 쌓고 큰 비석을 세웠다. 이때가 원화12년(서기817년) 8월 5일이었다. 흥륜사의 영수(永秀)선사가 이 무덤에 예불 할 향도(香徒)를 모아 모임을 만들고 매월 초닷새 날에 법회를 열었다.'

일념의 이 결사문은 법회를 연 이때 사용했을 것으로 보고 있다. 이때 큰 비석을 세웠다는 것이 지금 국립경주박물관에 있는 '경주 이차돈 순교비' 또는 '이차돈 공양당'이라 불리는 석당으로 추정하고 있다.

이 결사문은 대저 우리들이 익히 알고 있는 '이차돈의 순교'에 관한 일련의 일들이 자세히 기록되어 있다고 『삼국유사』에서 말하고 있다. 이 결사문의 내용을 일연이 삼국유사를 쓰면서 인용했다는데, 여기서 주의 깊게 들여다 봐야 할 부분이 일념의 이 결사문이 없었다면 꽃비가 내리고 천지가 진동했다는 이차돈의 순교 이야기가 전해 질 수 있었을까. 『삼국사기』나 『삼국유사』가 우리나라 최고(最古)의 역사책이라 한다. 그렇다면, 이차돈의 순교이야기는 남간사에서 출발 했다고 말할 수 있지 않을까.

「촉향분예불결사문」은 이차돈의 순교 과정이 잘 기록되어 있어 한국불교사와 신라문화사에서 아주 중요한 사료가 되고 있다 한다.

사찰의 사역(寺域)을 알아 볼 수 있는 남간사지당간지주와 석정

남간사지당간지주

나정을 지나 남간마을로 들어가다 보면 오른쪽 저 멀리, 황량하다(?) 싶은 들판에 홀로 외롭게 바람을 맞으면서 서 있는 당간지주를 볼 수 있다. '여기가 신라시대 불교문화를 꽃 피운 자리라는 걸 알려주는 것처럼. 가까이 가 보면 신발도 신지 않은 맨발로 외롭지만 꿋꿋한 자세로 흐트러짐도 없이 천년도 더 넘은 통일신라 중기 때부터 서 있었노라고, 아울러 우리나라 보물이라고 안내판은 일러주고 있다.

당간지주의 아랫부분이 발모양인 것은, 원래 아랫부분이 땅 속에 묻혀있었는데 땅 위로 드러난 것으로 생각된다.

이 당간지주는 경주남산에서 볼 수 있는 유일한 당간지주인데

간구(杆溝)[4]가 '十'자형인 것이 여타 당간지주와 다른 특징을 갖고 있다.

또, 이 당간지주는 지주의 북쪽 면에 총탄 자국인 듯한 흔적이 10여개 있어 역사의 상흔이 아닐까 여겨지기도 한다.

과거 남간사의 법당 터로 추정되는 곳과 강당 터로 여겨지는 강당못, 그리고 이 당간지주와의 거리를 한 눈에 담을 수 있는 들녘에 서서 보면 과거 남간사라는 사찰의 규모를 머릿속에 그려 볼 수 있다. 실로 땅의 넓이로 보면 아주 큰 사찰이었을 것으로 생각된다. 남간사가 가졌을 사역(寺域)을 생각해보면 어감(語感)의 차이겠지만, '절'을 넘어, '사찰'을 넘어, '가람'이라 불러야 하지 않을까.

또한 남간사지에서 놓칠 수 없는 것이 '남간사지석정'인데 안내판에 따르면 "이 우물은 분황사 석정(石井), 재매정과 더불어 신라우물의 원래 모습을 잘 보여주고 있는 중요한 자료이다."

남간사지 석정의 현재 모습

'남간안길'이라는 길을 따라 걷다보면 볼 수 있는데, 한 변 1.5m 정도인 정방형(정사각형)의 화강암 돌판 중앙에 위쪽으로 지름 약 88㎝인 2중의 원형의 테를 돋을새김으로 다듬은 형태인데 2등분한 모양으로 각각 만들어 이 판 두 개를 서로 붙여 우물의 지표면에 놓고 있다.

---

4) 당간지주 내면 꼭대기에 만드는 것으로 간(杆)을 단단하게 고정시키기 위한 장치

이 돌우물판은 오랜 세월 사용으로 닳아 반질반질한데 아름다움과 함께 세월의 흐름이 묻어나오고 있어 남간사와 함께 했을 뒤안길을 떠올려보게 한다. 지금은 보호차원에서 우물판 위에 돌을 다듬어 만든 원형틀을 얹어놓고 또 그 위에 쇠로 만든 보호망을 얹어놓아 옛 우물의 멋은 사라졌다.

안을 들여다보면, 우물 바닥 밑면은 장대석 3개를 'ㄷ'자 모양으로 짜 맞추고 한쪽 면은 커다란 자연석을 이용하여 사각형으로 기초를 놓고 그 위에 자연석을 이용하여 둥글게 쌓아올린 후 지표면에는 앞에서 말한 우물틀을 놓았다. 세월의 흐름에 따라 우물 내부는 수선의 손길이 많이 갔지 않았을까 싶다. 깊이는 그다지 깊지 않아 바닥이 훤히 보이고 물이 깨끗해 보인다.

남간사 스님들이나 절을 드나들었던 많은 신도들에게 좋은 물맛과 함께 신앙의 깊이를 더해 주었겠지.

물은 깨끗해 보이고 지금도 어느 집엔가 이 물을 사용하고 있는지 수도꼭지와 연결될 만한 비닐취수관이 드리워져 있다.

폐사지는 까마아득하게 살더라

남간사는 없고 남간사지만 있더라
법당은 없고 석공들 숨소리만 남았더라
불법(佛法)을 가득 담고 세워진 남간사
백성들 신심에 당(幢)을 높이 달았었지
옥개석 깨지더니 일념(一念)도 사라지고

폐사지는 까마아득하게 살더라
쓸쓸함과 허허로움 비움도 함께
돌아오는 길 뒤돌아 보니
단석산 걸린 해는 폐사지에서
기다리고 있더라, 천이백년전 까마아득한 날들을
아제 아제 바라아제 바라승아제 모지 사바하
남간사! 오~ 남간사여 일념선사여.

단석사(斷石寺)인가? 신선사(神仙寺)인가?

김유신의 혼이 서린 단석산(斷石山)

건천에 있는 단석산 중턱에 이르면 거대한 암벽이 ㄷ자 모양으로 높이 솟아 하나의 석실(石室)을 이루고 있음을 볼 수 있다. 여기에 인공적으로 지붕을 덮어서 석굴 법당을 만들었을 것으로 생각되는데, 바위 면에는 10구의 불상과 보살상이 새겨져 있어 장관을 이루고 있는데, 바로 신선사이다.

신선사는 경상북도 경주시 건천읍 송선리 단석산(斷石山)에 있는 사찰로 대한불교법화종에 소속된 사찰이다.

7세기에 활동하던 자장(慈藏)의 제자 잠주(岑珠)가 창건했으며, 김유신(金庾信, 595~673)이 이 절에서 삼국통일을 위해 기도했다고 한다. 절이 들어선 단석산의 산 이름은 김유신 설화에서 유래한다.

『삼국사기』에 따르면 단석산은 삼국시대 신라 화랑들이 수련했던 곳으로, 김유신이 한 노인으로부터 신검(神劍)을 얻어 이 산의 바위굴에서 검술을 닦았는데, 시험 삼아 칼로 바위를 내리치니 바위가 갈라졌다.

진평왕 때이다. 17세의 김유신은 고구려·백제·말갈이 국경을 침범하는 것을 보고 분개하여 쳐들어온 적을 평정하겠다는 뜻을 가지고 홀로 중악(中嶽) 석굴로 들어가 몸을 깨끗이 하고는 하늘에 고하여 맹세하였다. "적국이 도가 없어 승냥이와 호랑이처럼 우리 영역을 침략하여 어지럽힘으로써 편안한 해가 없었습니다.

저는 한낱 미미한 신하로 재주와 힘은 헤아릴 수 없이 적지만 재앙과 난리를 없애고자 마음먹었으니 오직 하늘은 굽어 살피시어 저를 도와주소서." 그러자 4일 만에 난승(難勝)이라는 한 노인이 나타나 신검(神劍)과 비법이 담긴 책을 주었다. 김유신은 그 칼로 무술을 연마하면서 바위들을 베었는데, '베어 놓은 큰 돌들이 산더미 같이 쌓였고, 그 돌이 아직도 남아 있다'고 한다. 『동국여지승람』은 김유신 사후 800여 년이 지난 기록이다. 그로부터 수백 년이 더 지났지만 신화는 죽지 않는다. 이후부터 산 이름은 단석산이라 했

화랑 김유신이 잘라놓은 단석산 정상의 돌

고, 산 정상에 김유신이 베었다는 '단석'이 남아 있는데, 최근에는 특정 바위가 아닌 여러 곳에 산재한 비슷한 바위들을 뭉뚱그려 단석이라고 한단다.

뒤에 갈라진 틈에 절을 세워 단석사라 불렀다는 것이다. 1969년 한국일보사가 주관한 신라오악(新羅五岳) 조사단이 바위에 새겨진 명문을 분석하여 석굴의 본래 이름이 신선사였음을 밝혀냈다.

해발 827.2m인 단석산은 경주에서 가장 높은 산으로 원래 이름은 월생산(月生山)이었다. 신라의 오악 중 중악에 해당하는 산으로 부악(父岳)이라고 불리기도 했다. 5악은 동쪽의 토함산(吐含山), 남쪽의 지리산(智異山), 서쪽의 계룡산(雞龍山), 북쪽의 태백산(太伯山), 중앙의 부악(父岳)이다.

신라 수도 경주와 청도군을 연결하는 20번 국도가 지나가며, 북쪽 편에는 선덕여왕이 백제군을 물리쳤다는 여근곡(女根谷) 전설이 전해오는 해발 634m의 오봉산 부산성이 자리 잡고 있다.

삼국이 패권을 다투던 시기 백제군의 침입이 예상되는 주요 교통로이자 문화교류의 길이었던 것으로 보인다.

석굴 바위에는 다음과 같은 전설이 전해온다.

옛날 절 아래에 살던 한 젊은이가 이곳에 올라와 보니 노인들이 바둑을 두고 있었다.

이들이 두는 바둑을 구경하고 집에 돌아와 보니 아내는 이미 백발의 노파가 되어 있었다. 50년이 지난 것이다. 그 뒤부터 이 바위를 신선이 바둑을 둔 곳으로 불렀고, 절 이름도 신선사라 했다고 한다.

단석사는 본래 신선사였다.

현재 이 석굴은 작은 암자처럼 쓰이고, 50m쯤 아래에 본절이 들어서 있다. 본절의 건물로는 관음전과 산령각·요사채 등이 있다. 한편 석굴은 동남북 3면이 갈라진 바위로 둘러싸여 있으며, 옛날에는 지붕을 얹어 사용했다고 한다. 안쪽 벽에 조각된 불상과 보살상은 단석산신선사마애불상군이라는 명칭으로 국보 제199호로 지정되었다.

불상 조성 양식으로 보아 6세기 유물로 추정된다. 불상·보살상이 8구, 인물상이 2구 있으며, 주민들은 탱바위라고 부른다. 동북쪽의 독립된 바위 면에는 도드라지게 새긴 높이 8.2m의 여래입상이 1구 서 있다. 둥근 얼굴에 미소가 가득하며, 머리 위로 2단으로 된 상투 모양의 머리묶음이 작게 솟아있다. 양 어깨를 감싸고 있는 옷에는 U자형 주름이 선명하고, 트인 가슴 사이로는 띠 매듭이 보인다. 오른손은 어깨 높이로 들어 손바닥을 보이고 왼손은 내려 손끝이 아래로 향하여 손바닥이 보이게 하고 있다.

동쪽 면에는 높이 6m의 보살상이 새겨져 있는데, 상반신에는 옷을 걸치지 않았으며, 왼손은 들어서 가슴에 대었고 오른손은 몸 앞에서 보병(寶甁)을 쥐고 있다.

마멸이 심해서 분명하지는 않지만 남쪽 면에도 광배(光背)가 없는 보살상 1구를 새겨서 앞의 두 불상과 함께 삼존상을 이루고 있다. 이 보살상의 동쪽 면에는 400여 자의 글이 새겨져 있는데, '신선사(神仙寺)에 미륵석상 1구와 삼장보살 2구를 조각하였다'라는 내용이다.

북쪽 바위 면에는 모두 7구의 불상과 보살상, 인물상이 얕게 새겨져 있다. 뒷면에는 왼쪽에서부터 여래입상, 보관이 생략된 보살입상, 여래입상, 반가사유상을 나란히 배치하였다. 반가사유상을 제외하고는 모두 왼손을 동쪽으로 가리키고 있어 본존불로 인도하는 독특한 자세를 보여준다.

아래쪽에는 버선같은 모자를 쓰고 공양을 올리는 모습을 한 공양상 2구와 스님 한분이 새겨졌는데, 신라인의 모습을 추정하는데 중요한 자료가 되고 있다.

7세기 전반기의 불상 양식을 보여주는 이 마애불상군은 우리나라 석굴사원의 시원(始原) 형식을 보여준다는 점에서 그 의의가 클 뿐만 아니라, 당시 신앙의 흐름을 이해하는 데에도 중요한 자료를 제공해주고 있다.

어느 겨울의 신선사 대웅전

담엄사(曇嚴寺) 혹은 담암사(曇巖寺)

전불(前佛)시대 신라의 대표 사찰

온 세상이 꽃 천지다.
"4월은 가장 잔인한 달
죽은 땅에서 라일락을 키워내고
기억과 욕망을 뒤섞고
봄비로 잠든 뿌리를 뒤흔든다."

노벨문학상을 받은 미국 시인 'T.S 엘리엇'의 '황무지'의 첫 소절이다.

학창시절 필자는 이렇게 아름다운 4월을 왜 잔인한 달이라고 했는지 이해 할 수가 없었다. 오늘은 4월의 중간, 애써 이해할 생각이 없다. 동방사이다와 삶은 계란을 싸 들고 원족(遠足)나온 옛날의 아이로 돌아가, 희희낙락하며 꼭대기에 올라가 미끄럼을 타고 내려온 봉황대를 보면서 그 때를 회상하고 싶을 뿐이다. 그래서 오릉을 찾았다.

전(傳)담엄사지도 알아 볼 겸.

오릉, 여기서부터 담엄사지가 시작 된다

고속도로를 빠져 나와 경주 IC에 들어서면 제일 먼저 만날 수 있는 천년 신라 불교 유적이, 남산의 식혜곡 1사지로 추정되는 경주 정수장의 곤원사지이다. 흩어져 있던 유물들이 지금은 강변의 정수장에 옮겨져 있어 일부러 찾지 않으면 볼 수가 없다. 코로나 시대를 지나면서 외부인의 출입을 통제하고 있어, 잠깐 유구 사진만 찍겠다고 해도 안내하는 공무원이 안 된다고 한다. 다음은 2사지로 추정되는 오릉교 남편이 사역인 신원사지, 그리고 오릉이 있는 이곳이 제3사지 전담엄사지 혹은 담암사지이다.

전불(前佛)시대 신라의 대표 사찰인 것이다. 『삼국사기』에는 담암사, 『삼국유사』에는 담엄사로 되어 있다. 『삼국사기』는 오릉의 위치를 설명하는 데 '담암사북(曇巖寺北)'이라 했고, 『삼국유사』에서는 '신라육촌 중 알천 양산촌의 남쪽은 지금의 담엄사'라 하여 양산촌의 위치를 설명하는 데 인용했다.

경주로 진입하여 처음 눈에 띄는 곳이 아마도 신라를 상징하는 왕릉인 오릉일 것이다. 이곳은 신라 시조 왕이라 불리는 박혁거세와

알영부인의 이야기가 전해져 오는 곳이다.

혁거세 왕을 기리기 위한 숭덕전이 경주 오릉의 우측 입구에 자리하고 있는데 이곳은 지금과는 아마도 많이 다른 풍경이었을 옛 경주의 남산 자락이 이어지던 곳이다. 바로 경주 남산 식혜곡의 줄기, 즉 식혜스님이 살았던 곳이라는 것에 이름이 유래된 산줄기가 있던 곳이다.

또한 식혜곡의 이름에 관해서는 신라 육부촌장이 박혁거세를 왕으로 추대하여 임금을 '시킨 곳'이라는 의미의 음이 변하여 식혜곡이라 불린다고도 한다.

식혜곡에는 지금은 정수장이 들어선 1사지 곤원사지를 시작으로 하여 제7사지 사제사지까지 일곱군데의 절터가 확인되고 있다. 『삼국유사』에 의하면 혁거세왕의 시신이 하늘로 올라간 지 7일 만에 시신이 다섯 부분으로 나누어 땅에 떨어져 사람들이 합장하고자 하였으나, 큰 뱀이 나타나 방해하는 탓에 이를 하늘의 뜻이라 여겨 각각 다섯 개의 능을 만들었고, 이런 연유로 경주 오릉을 '사릉(蛇陵)'이라 부르기도 하며 담엄사 북쪽에 있다고 전해져 온다.

현재 숭덕전 주변과 능을 둘러싼 소나무숲 속에는 당간지주를 포함한 담엄사의 석재로 보이는 많은 유물들이 산재해 있다.

담엄사 석재로 추정되는 돌들이 오릉 풀밭에 흩어져 있다

당간지주는 현재 오릉 내 숭덕전의 알영정 서편 잔디밭에 묻혀 있으며, 상면의 일부만 보인다. 원래 담엄사의 사역 내에 위치했으나, 조선시대에 들어와서 숭덕전 앞으로 이전하여 홍살문으로 사용하였다. 1970년대 차량에 의해서 당간지주가 파손되자 현 위치에 매몰했다고 한다. 당간지주의 선단부 처리에 있어 한 개는 하나의 곡선으로 된 반면, 다른 하나는 두 개의 곡선으로 만들어져 있다. 따라서 이 당간지주는 원래 서로 다른 두 개를 옮겨와서 사용했던 것으로 추정된다.

당간지주는 잔디밭에 묻혀
일부만 보인다

특히 숭덕전 내부의 석재들을 살펴보면 탑재와 옛 신라시대 주초석들이 많이 남아 있어 이곳이 옛 절터였음을 확연히 알 수 있다.

숭덕전 뒷부분의 알영정 내의 우물을 덮고 있는 석재 3매는 탑지대석으로 보인다. 상면에 나비장이 두 개씩 마련되어 있고, 나비장 주위로 우주의 홈으로 보이는 치석된 흔적도 있다. 그리고 알영정 담 한쪽 귀퉁이에는 팔각의 석재도 있다.

담엄사가 칠처가람(七處伽藍)의 하나였던 점으로 보아 당시 중요한 사찰이었음을 알 수 있다. 기록상 칠처가람 중 마지막으로 등장하고 있는데 나머지 여섯 사찰이 창건 순서대로 기록되어 있는 것으로 보아 문무왕의 사천왕사 창건 이후인 통일 신라 초기에 창건된 것으로 추정된다.

알영정 뒤뜰에도 담엄사 유구가 있다

옛 절터를 확실히 알 수는 없지만, 오릉 내 숭덕전에서 시작되어 지금의 주차장과 그 앞의 들판까지를 담엄사지로 추정하고 있다.

경문왕의 기이(奇異)한 이야기와 전(傳)도림사지

「··道林··」이라 새겨진 와편(瓦片)의 발견으로 추정된 도림사지

경주에는 무슨무슨 사지(寺址)로 추정되는 곳이 많다.

그 중 하나가 도림사지(道林寺址)로 추정되는 곳인데 지금은 「구황동모전석탑지(九黃洞模塼石塔址)」로 이름이 붙여져 있다. 쉽게 구황동폐사지라고도 부른다. 황룡사지와는 경주-포항 산업도로 하나를 사이에 두고 있다.

이 「도림사」라는 사찰은 『삼국유사』 2권 「48대 경문대왕」조에 그 이름이 등장하고 있다.

도림사지로 추정하는 이유는 1926·7년 즈음 지금의 석탑지로부터 북동쪽으로 조금 떨어진 곳에서 「도림(道林)」이라고 양각된 기와 조각이 발견됨으로써 이곳이 도림사지로 추정한데서 처음으로 시작되었다고 한다. 그러나 논란은 있어 추정되는 곳으로만 되고 있기에 「전(傳) 도림사지」로 불리어지기도 한다.

이때 출토된 이 명문기와는 당시 경성제국대학교(현재 서울대학교)에 기증되어서 현존하고 있는데 서울대학교박물관 간행물인 「서울대학교 박물관소장 명문기와」(임상택·전덕재·양시은. 서울대학교박물관

경주채집 「··道林··」銘 기와편.
사진출처: 『서울대학교박물관소장 명문기와』(2002)에서 캡쳐.

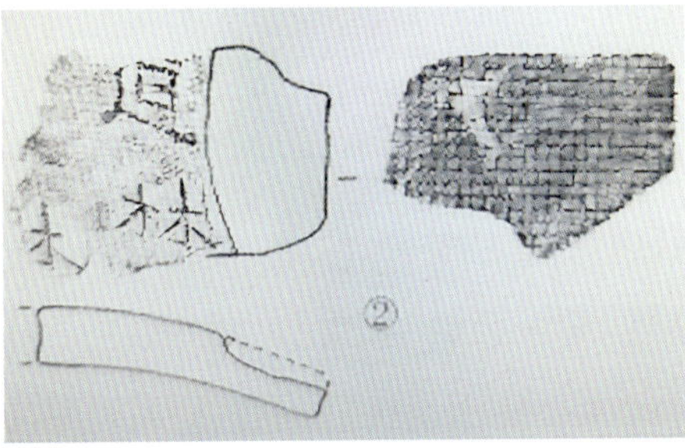

도면. 경주채집 명문기와.
출처: 앞의 사진과 같음

학술총서11. 2002)에 의하면 "「··道林··」으로 추정되는 명문이 찍힌 암키와 편(片)으로 출토지가 분명치 않다"고 밝히고 있으면서, "도림(道林)명 기와편은 사찰명과 관련이 있다. 단편적이기는 하지만 당대의 기록으로서 그 중요성을 가진다"고 한다.

이 도림명 기와편은 그때 당시 서울대학교박물관수취카드인 '경주채집명문기와 유물카드'에 의하면 경주 부근출토, 토도(土陶)제품, 1933년 大阪 金太郎 기증, 가격 29.00로 기록되어 있다.

전(傳)도림사지에 가 보면…

분황사와 황룡사지 동쪽 산업도로 건너편 작은 소나무숲 주변의 전(傳) 도림사지에 가 보면 금강역사상과 옥개석, 초석 등이 철제 울타리로 둘러싸여 보호되고 있다.

안내판에 「경주구황동모전석탑지」라고 되어 있다. 우리가 일반적으로

도림사지로 추정되는 구황동 모전석탑지

알기로 모전(模塼)은 돌을 다듬어 벽돌모양을 본 뜬 것을 말하며, 모전석탑은 돌을 벽돌모양으로 쌓아올린 석탑을 말하는데 이 폐사지에서는 언뜻보면 그런 탑의 모습을 상상하기 힘들다. 거기에다 일반 석탑의 옥개석이 자리하고 있어 분황사석탑의 모전석탑을 상상해 본다면 더욱 더 혼란스럽기도 하다.

그런데 주변에서 모전석탑의 몸체를 구성했던 안산암 석재들이 발견되고 있고 또 감실옆에 설치되었던 여러 구의 금강역사상이 있어 전문가들은 모전석탑지로 추정하고 있다.

모전석탑은 내부공간을 활용하기 위해 지어졌다는데 그래서 내부감실로 들어가는 출입문이 있다. 그 출입문 양 옆의 돌기둥에는 불법을 수호하기 위해 외부의 침입을 막는 우락부락한 근육질의 사나이가 주먹을 불끈 쥔 모습의 금강역사상을 탑의 4면에 설치하였을 것으로 추측한다. 그렇다면 여기도 모두 네 쌍의 인왕상(금강역사상)이 있었을 것으로 추측되는데 지금 여기에는 두 쌍의 인왕상이 남겨져 있다. 한 쌍의 인왕상은 국립경주박물관으로 옮겨져 있는데 나머지 한 쌍은 행방이 오리무중이다.

탑은 다 허물어지고 지금은 남쪽과 북쪽 감실의 돌기둥과 지붕돌의 일부만 남아 있으며, 탑은 한 변의 길이가 4.5m정도로 추정하고 있다고 하면서 금강역사상 조각으로 볼 때 탑을 조성한 시기는 통일신라시대로 추정된다고 안내판은 설명해 주고 있다.

한편, 이 탑지에는 옥개석 2기가 남아 있다. 탑의 옥개석과 모전석탑의 관계가 아리송해 이 옥개석은 다른 곳에 있는 것을 옮겨온 것이리라 추측하는 사람들도 있다. 어떤 이는 아예 분황사의 모전석탑과 다른 모양의 탑이 있었을 것으로 보는 이도 있는 것 같다.

탑지와 아주 가까운 북쪽의 작은 소나무숲에는 민묘가 있는데 이곳을 금당터로 추정하기도 한다.

『삼국유사』의 「48대 경문대왕」조에 의하면 "도림사는 예전에 서울로 들어가는 곳의 숲가에 있었다(道林寺舊在入都林邊)"고 한다. 지금도 도림사지로 추정되는 곳에서 보문단지로 가는 길 가에는 숲머리라는 마을이 있는 것으로 보면 추정되는 곳이 도림사지일 가능성이 농후해 보인다.

당나귀 귀가 귀인(貴人)의 귀로 변하다.

『삼국유사』 권2 「48대 경문대왕」조(條)에는 뱀과 함께 잔 경문왕의 이야기 다음에 바로, 「임금님 귀는 당나귀 귀」이야기가 이어진다.

'경문왕은 즉위하자 바로 귀가 자라 나귀 귀처럼 길어졌다. 왕후와 궁인들은 모두 이 사실을 알지 못하고 오직 복두장 한 사람만이 알고 있었다. 그는 평생 남에게 말하지 않았다. 그는 죽을 때가 되어서 도림사 대나무숲 아무도 없는 곳에 들어가서 "우리 임금님 귀는 나귀 귀와 같다"고 외쳤다. 그 후 바람이 불면 대나무에서 "우리 임금님 귀는 나귀 귀와 같다"고 외치는 소리가 났다. 왕이 이를 알고 대나무를 베어버리고 대신 산수유를 심었다. 그 이후로는 바람이 불면 "우리 임금님 귀는 길다"는 소리가 났다'는 것이 이야기의 내용이다.

부처님의 귀를 자세히 보면 귀가 두텁고 길고 귓불이 늘어져 있는 것을 볼 수 있다. 귀가 길면 성인(聖人) 또는 귀인(貴人)으로 볼 수 있는데 즉위한 후, 나귀 귀처럼 길어졌다는 것은 임금의 신비로움과 성스러움으로 비칠 듯 한데 이를 숨겨야 할 대상이 된 것을 보면 떳떳하지 못한 뭔가가 있는 것 같은 느낌이 든다.

여기에서 도림사(道林寺)라는 절 이름이 나오는데, 도(道)는 '길'이라는 뜻 외에 '말하다'라는 뜻도 갖고 있다. 그러면 '도림(道林)'이라는 말은 '말하는 수풀'이란 뜻이 된다. 그래서 말하는 숲을 가진 절이 된다. 이것은 대체 무슨 뜻인가. 아마 절에서 여러 가지 소문이 나 온다는 말이 아닐까.

『삼국유사』에 의하면 이 절은 예전에 서울로 들어가는 곳에 있는 숲가에 있었다고 되어있다. 대나무는 바른말을 하는 지라 여기에서 소문이 퍼지면 바로 도성 안으로 소문이 퍼지기에 왕이 대나무를 베어버리고 산수유를 심었을 것이라는 이야기가 된다. 왜 산수유

나무였을까?

한양대학교 국문학과 교수인 '정민'은 그의 저서 『불국토를 꿈 꾼 그들』에서 이 설화를 아래와 같이 해석하고 있다.

〈대나무 숲에서 나는 소리는 도림사스님들이 퍼뜨리는 것이다. 그래서 대나무를 베어버리고 산수유를 심었다는 것은 자기에게 우호적인 스님으로 모두 교체해 버렸다는 것을 의미한다. 산수유는 사악한 기운을 막아준다고 알려져 있다는 것이다.

나무를 교체하고 나니 효과가 바로 나타나 "우리 임금님 귀는 길다"라는 소리가 났다. 이것은 '우리 임금님은 참으로 귀인이시다'로 반전된 것이다. 왕의 입장에서 보면 비판적인 세력을 제거하고 우호적인 세력을 심어 여론을 자기편으로 되돌리는데 성공한 것이다. 도림사 대숲을 베어낸 이야기는 불교 재편 과정을 통한 왕권강화책과도 무관치 않을 것이다〉라고 해석을 하고 있는 것이다.

한국사에서 고대, 인구 2·3,000명의 도시국가(=군장국가=부족국가=성읍국가)가 영토를 넓혀 하나의 국가로 발전했고 그 중심이 된 도시국가(성읍국가)자리가 서울이 되었다. 지금의 경주가 바로 사로국의 서울이 된 것이다. 사로국의 사람들은 왕경인이 되어 서울사람이 된 것이다. 골품제사회였던 신라에서 왕경인들은 골품제의 적용을 받아 대접을 받은가 하면 여타 다른 지역인들은 골품 외로 차별대우를 받았다고 한다. 경주인들 즉 왕경인들의 소리 소문이 미치는 영향이 얼마나 컸기에 대나무를 베어내고 산수유를 심었을까. 예나 지금이나 여론의 무게를 짐작케 한다.

"바람이 불면 문득 무게가 그리워"진다는 송기원 시인의 시에서 내가 딛고 있는 이 자리가 얼마나 중요한가 생각해 본다.

신라 역대 왕 중에서 특이한 신체를 가진 왕은 진평왕(얼굴이 기이하고 몸집이 장대했다)과 경문왕이라는 것을 역사서(歷史書)는 전하고 있다. 그에 얽힌 일화들이 전하고 있으니 찾아서 읽어보길 권한다.

탑신(塔身)과 옥개(屋蓋)가 한 몸으로 조각된 동천동사방불탑신석

김동리의 시(詩) '바위' 중의 일부

'아아, 일어났으면 일어났으면 / 일어나 훨훨 날아 갔으면 / 날으다 차라리 숨이 다하면 / ············ / 누가 알리, 천만 년도 누워 앓는 이 가슴 / 일어 못 날 마련의 바위로다'

경주에는 바위에 새겼거나 아니면 바위를 잘라 다듬어 만든(?) 문화재라 이름붙은 옛 우리 조상들이 남긴 작품들이 수 없이 많이 있다.

그러나 흐르는 세월의 무게 때문이었나, 온전하지 못한 것이 참으로 많다.

지나치다 그런 문화재들을 바라다보면 비록 피상적 감상이지만 위의 시와 같은 마음을 가질 때가 가끔씩 일어나기도 한다. 나만의 감상(感傷)이다.

어제부터 내리는 비가 세차지도 않으면서 가끔은 휘몰아치는 바람과 함께 이룰 수 없는 아름다움만 찾아 살아온 지난날의 마음을 토닥거리는 가운데 현진건의 소설 『무영탑』이 떠오른다.

석가탑을 다듬어가는 한 예술가의 집념과 사랑을 다룬 이야기이다. 두 여인의 환영(幻影)속에 정을 쪼지 못하는 지경에 이르지만 선도산으로 넘어가는 찬란한 광선(光線)이 불심(佛心)이 되어 그가 가진 강렬한 예술혼을 일깨워 석가탑을 만들어 가는 과정이 감동 깊게 느껴지는 소설이다.

오늘 얘기하고 싶은 동천동사방불탑신석도 천년 전 어느 석수장이의 예술혼이 승화된 아름다운 작품이다. 아니, 그 보다는 신라인들의 불교정신을 갈고 닦아준 공간이었고 그 공간은 다시 염불소리로 승화되어 이어지고 있을 것이다.

절 이름이 없는 동천동사지(東川洞寺址)

이 탑신석(塔身石)이 있는 곳은 지금의 경주시청네거리에서 북쪽으로 몇십m 정도 떨어진 곳으로 동천우체국의 바로 남쪽으로 도심 한가운데이다. 이곳으로부터 동쪽으로는 소금강산이 있고 남쪽으로는 북천이 흐르고 있으며 백률사와 굴불사지와는 300~400m정도 떨어져 있다.

경주 동천동사방불탑신석과 기단석재들

현재 이곳은 작은 어린이 공원으로 조성되어 있고 탑신석과 기단석으로 보이는 석재는 철제 울타리속에서 보호를 받고 있다. 주변보다 낮은 곳에 자리하고 있는데

'임정수사지(林井藪寺址)'라 이름한 것과의 연관이 있는지 잘 모르겠다. 주변은 보도블럭이 깔려 있는데 화단에는 큰 나무들이 공원 전체를 덮고 있다.

우체국 건립시 발굴 결과에 따르면 9세기경 통일신라시대부터 이곳에 사지가 존속하고 있었다 한다.

우리나라는 예로부터 탑이 있는 곳에 절이 있고 절이 있는 곳에 탑이 있다. 오랜 세월의 흐름으로 절은 무너지고 탑은 넘어진 가운데 절 이름은 사라져갔다. 부처님이 새겨진 탑신석이 발견된 이곳에도 절은 있었을텐데 절 이름은 알 수 없다.

『동경잡기』2권에 큰 늪이나 숲을 뜻하는 「수(藪)」조(條)가 있다. 그 내용에 비보수(裨補藪), 시림(始林), 남정수(南亭藪) 등등이 있는데 그 중에 임정수(林井藪)는 '부(府)의 동북쪽 5리되는 지점에 있으며 백률사의 서쪽에 있다'는 기록을 근거로 일본인 오사카 긴타로는 여기를 '임정수사지'라 하였고[5] 또 다른 일본인 후지시마 가이지로는 '용강리사지'라고 언급하기도 하였다 한다. 어쨌거나 이 두 사지의 이름은 지명을 본 딴 이름이었는지 아니면 다른 이름이 있었는지 밝혀진 것은 없다.

과거의 동천동사방불탑신석 모습
(정영호의 논문 「동천동 일명사지 석조물에 대한 고찰」에서 사진 캡쳐)

한편, 이 탑신석의 위치와 방향 문제가 거론되기도 하는데

5) 경주고적보존회, 『慶州古蹟 及 遺物調査書-川北面』, 1931.

정영호의 논문에 지금의 황성초등학교로 '들어가는 길 오른쪽 논가운데 있다'고 하였는데 다른 이야기로는 그 논문의 논 가운데가 지금의 위치하고는 다르다고 이야기하기도 한다.

부근의 기단석과 발견되는 와편(瓦片)으로 보아 일대가 폐사지임이 분명해 보이는데 이로 미루어 보아 원위치가 아니라 하더라도 크게 옮겨진 것은 아니라는 추측을 정영호는 하고 있다.

1982년 이 탑신석 주변의 택지조성때 발굴조사 결과 석탑재의 이동이 있었을 것으로 언급하고 있다. (한국의 사지 현황조사보고서, 上. 문화재청. 2015)

한편 이 탑신석 옆에 모아 놓은 기단 석재들은 발굴 당시 주변에서 출토된 것이라고 한다.

탑신 네 방향마다 부처님이 새겨진 동천동사방불

동천동 사방불탑신석은 동천동 절터에 남아있는 탑의 몸돌이다.

이 탑신석은 옥개(屋蓋.지붕)와 신석(身石.몸돌)이 한 몸으로 조각되어있다는 특징이 있다.

높이가 약 82cm로 경상북도 유형문화재로 지정되어 있다.

이 동천동 사방불은 단국대학교 박물관장을 지낸 정영호의 논문 「慶州 東川洞 逸名寺址 石造物에 대한 考察」에 잘 나타나 있는 것으로 그 논문의 내용을 바탕으로 소개하고자 한다.

이 탑신석의 각 모서리에는 우주(隅柱. 모서리부분의 기둥)를 새겼고 각 면의 가운데에는 두·신광(頭·身光)을 구비한 앉은 자세의

동천동사지 탑신석의 사방불
(왼쪽 : 북면. 오른쪽 : 서면)

동천동사지 탑신석의 사방불
(왼쪽 : 동면. 오른쪽 : 남면)

부처를 새겨 사방불을 완성하고 있다. 이 사방불은 각 부처의 앉은 자세부터 광배의 모습까지 서로 다르게 새겨져 있어 같은 형태의 광배를 새긴 다른 여타 사방불과는 전혀 다른 모습을 보이고 있다고 한다.

사방불에서 동면과 남면의 여래상은 안쪽으로 깊게 파여 도드라진 조각으로 훨씬 강한 입체감이 나타나고 있다. 반면에 서면과 북면은 그에 비해 도드라짐이 약해 평판(平板)적 느낌이다. 동면의 여래상은 약사여래로, 서면은 아미타여래로 추정하기도 하는데 나머지 두 면의 여래상도 마멸 등의 이유로 가늠하기가 어려운지 딱히 무슨 여래상이라 추정하지 않고 있다.

한편, 탑신석의 상면과 하면에는 연화문을 조각하고 있다. 동,서, 남면의 연화문은 같은 모양으로 장식되었는데 북쪽 면만은 고사리 같은 유려한 문양으로 장식된 점이 다르다.

옥개(屋蓋)의 하단면에는 보통 층급받침이 있는데 여기서는 아무런 조각(彫刻)없이 평평하게 되어 있어 이는 아주 드문 형상이라고 한다.

그리고 옥개의 낙수면이 연화문으로 꾸며진 것도 특이한 양상이다.

이런 면으로 보았을 때 여기 있는 이 탑신석은 특이한 형식의 옥개로 보여진다는 것이다.

이 탑신석의 조성년대는 각 면(面) 여래상의 조각 형상으로나 광배와 화염문 등의 모양과 조각 수법 등으로 보았을 때 8세기 중엽의 작풍(作風)을 보인다고 한다.

예로부터 유서깊은 사찰에는 그 사찰을 창건하게 된 설화가 있고 많은 석조물이 남아있기 마련이지만 여기 동천동사지에는 남아있는 석조물의 파편조차도 적다.

그런 가운데서도 부처님의 말씀이 사방에 퍼지기를 기원하는 듯 사방불이 새겨진 이 절터 어디메쯤 법당터가 있을 것인 즉, 그런 자리들이 밝혀져 신라의 염불소리가 퍼져간 모습을 그려볼 수 있는 날이 오기를 기다려본다.

구황동 목탑지, 전 만정사(万正寺)의 흔적?

구황동목탑지를 찾아가다.

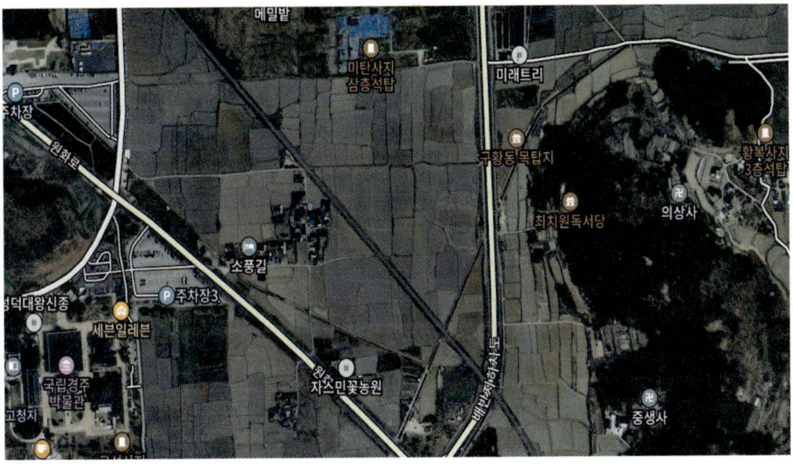

낭산의 북쪽 끝에 있는 구황동목탑지 항공사진(다음항공사진)

한여름의 뜨거운 볕살이 녹음을 더욱 짙게 한다. 불국사로 가는 길(원화로)을 따라가다가 고속도로 인터체인지에서 나오는 산업로와 교차하는 배반네거리에서 좌회전하면 도로는 지하도를 지나 오른쪽으로 낭산(狼山, 이리산)의 끝자락을 만나게 되는데 오른쪽 논 한가운데 야트막한 토단(土壇)을 만날 수 있다. 이 토단의 동남쪽 낭산 밑에 최치원 선생의 독서당이 보인다.

할머니 한 분이 농수로 둑에 앉아 둑 밭에 심어 놓은 강낭콩을 수확하고 계신다. 이 더위에도 콩 까는 일에 집중하여 계셨다. 그냥 지나가기가 뭣해서 인사를 드렸더니

"저거 보러 왔능교?"

"예. 이거요."

"어제도 맺사람 왔더만, 그 위에 묘도 있어요."

"사진 찍으러 왔어요."

"머 할라꼬? 잘 찍어가소."

왼쪽 사진, 하늘에서 본 목탑지(국가유산청 홈피에서 가져옴)
오른 쪽 사진, 옆에서 본 목탑지(필자 촬영)

논바닥보다는 약간 높은 토단 위에 잡초와 야생화가 어울려 여름의 천진한 풍경을 만들어 내고 있었다. 이 토단이 평범해 보이지 않는 것은 지금 벼가 자라는 논 가운데 있다는 것이고 토단의 정체를 짐작하게 하는 치석(治石)이 토단의 복판에 있다는 것이다. 그리고 토단의 가장자리의 일부에는 석축을 쌓았던 흔적이 남아 있다. 가까운 거리의 서쪽으로는 포항으로 가는 산업도로가 있고 동쪽으로는

낭산의 끝자락이 보이며 지척에 농수로가 동북에서 남서방향으로 뻗어 있다. 이곳의 지번은 경주시 구황동 482번지인데 자세히 보지 않으면 평범해 보이는데 알고 보면 주변과는 다른 특이한 모습을 하고 있는 이 토단이 구황동목탑지(木塔址)이다.

토단 가장자리 석축

구황동목탑지 관찰

목탑지 토단은 동서 길이 약 12.5m, 남북 길이가 약 13m이며 높이는 0.8m~2.3m이다. 넓이는 162.5m^2(49.2평)으로 정방형에 가까운 모양을 하고 있다. 탑지의 중앙에 민묘가 있었다는 할머니의 이야기는 국가유산청 홈페이지에 탑재된 『경주지역 폐사지 기초조사, 연구』란 책의 파일에서도 확인이 된다. 그러나 이장이 되었는지 현재는 보이지 않는다.

이 목탑지 중앙에는 심초석이 놓여 있는데 윗면은 치석이 되어 정팔각형으로 다듬어져 있으나 윗면 가장자리와 측면과 아랫부분은 자연석 그대로이다. 심초석의 직경은 150cm이고 높이는 40cm이다. 심초석 윗면의 정팔각형은 지름이 97cm이며 팔각형 한 변의 길이는 40cm이다. 심초석 팔각형 중앙에는 사리공을 만들어 두었는데 이중의 정방형이다. 사리공 덮개에 해당하는 부분은 한 변이 27cm이고 깊이가 4.5cm 이다. 아랫부분 사리공은 역시 정방형으로 한 변의 길이는 17cm, 깊이 23cm 이다. 그리고 주변에는 초석에 해당되는 방형의 초석들이 5개 흩어져 있으며 이 초석은 한 변이 60cm~61cm의 크기이다.

심초석과 중앙의 사리공

그냥 방치된 심초석과 초석은 이끼에 덮여있고 풀섶 사이에 흩어져 찾아내기 힘이 든다. 그리고 이 탑지는 전혀 관리가 되고 있지 않아 보이는데 이 목탑지를 소개하는 안내판조차 없다. 알고 오지 않는 이상 이 토단이 무엇인지 일반인들은 알 길이 없어 보인다. 너무 소홀히 취급되고 있다는 느낌이 강하게 든다.

명문(銘文)수막새 기와가 가르쳐 주는 것들

이 절터에 대한 기록은 매우 드물다. 연구자들 사이에 이 절터가 인지되기 시작한 것은 언제인지 알 수 없다. 고적에 대한 조사는 대개 일제 강점기부터 이루어졌는데 일제 때의 『경주지역 고적 조사보고서』에도 구황동 목탑지에 대한 직접적인 언급은 없다. 후지시마 가이지로에 의해 내동면 4곳 언급 중 '구황리사지(九黃里寺址)'가 나오는데 이것이 구황동 목탑지가 아닐까 하는 생각을 갖게 하기도 한다.

목탑지 서쪽 가스관매설지 발굴 담장 기초부
(국가유산청 홈피사진)

1994년 왕경지구 가스관 매설지와 관련하여 7월부터 12월까지 발굴 조사를 실시하면서 현 목탑지 서편의 산업도로 갓길 근처를 발굴하던 중 도로변 110m 길이의 사찰 담장 기초부를 확인할 수 있었다. 그리고 목탑지에서 서쪽으로 40m~50m 떨어진 곳에서 만정사지(万正寺之) 혹은 정만지사(正万之寺)명 수막새 기와를 출토하였다. 지표 아래 30cm ~70cm)의 암갈색 점질토에서 수습하였는데 기와 파편까지 모두 7점이었다. 이 명문 기와의 출토로 한꺼번에 상당히 많은 정보를 알 수 있게 해 주었다. 우선 명문이 새겨진 기와라서 이 폐사지에 만정사(정만사)가 있었다는 것과 구황리 목탑지와 이 절의 관계를 어느 정도 알 수 있게 해 준다는 것이었다.

'万, 正, 寺, 之' 명 수막새 기와
(국가 유산청 홈피 사진)

명문 기와는 드림면에 짝잎 연꽃 무늬 4장을 'X'형으로 배치하고 꽃잎 사이에 '万, 正, 寺, 之'글자가 새겨져 있다. 이를 읽는 방향에 따라 '만정사지' 혹은 정만지사'로 해독이 가능하다.

가장자리의 둥근 돌출부분을 주연부라 하는데 폭이 1.7cm이고 높이가 0.8cm이다. 주연부 위에 선으로 된 돌대가 있고 돌대 안쪽에는 구슬 모양이 나열된 연주문(聯珠紋)이 보인다. 연꽃잎들이 배치된 'X'형 중앙에 둥근 무늬는 자방(子房)인데 자방 안에 1, 4, 8개의 연씨

(蓮子)를 넣어 놓았다. 이 기와는 지름이 15.2cm이고 기와의 두께는 약 2.6cm 정도이다.

여전히 알 수 없는 사실들

만정사는『삼국사기』,『삼국유사』및 조선시대 주요 문적 어디에도 언급이 되어 있지 않다. 명문기와가 발견되기 전까지 이 곳은 폐탑지가 있었기 때문에 '구황동폐탑지'라 불렀을 뿐이다. 물론 탑지가 있었으므로 절이 있었을 거라는 추정은 가능하였다. 1994년 명문기와가 발견되면서 만정사(정만사)가 있었음을 알게 되었다. 그러나 여전히 이 절의 창건이나 폐사의 연대는 알 수 없다.

그런데 사계(斯界)에서는 또 다른 의문을 제기하였다. 이 폐사지 주위에는 다른 절터 또한 여럿 있다. 즉 사천왕사지, 망덕사지, 보문사지, 옥다리들사지 등인데 모두 목탑이 있던 사찰이다. 공통점이라면 이들의 사찰은 7세기경에 창건되거나 중창되었다는 것이다. 전문가들은 이 만정사(정만사)도 사찰의 유지(遺址)의 특징으로 보아 같은 7세기경 조성된 것이라고 주장하고 있다. 그런데 명문 기와의 특징으로 보아 이 기와는 통일 신라말에서 고려초기의 기와라고 보는 것이다. 따라서 목탑과 기와의 동시대적 관련은 따지기 어렵다. 그러나 어찌 되었건 만정사(정만사)와 목탑 그리고 명문기와의 연관성은 존재한다. 특히 만정사라는 절은 명문기와의 시대적 특징을 고려한다면 고려시대까지는 존재하였음을 짐작하게 한다.

낭산의 북쪽 기슭에 있었던 만정사(정만사)는 목탑의 뒤쪽(포항 방향)에 금당이 있었을 것이고 서편에 절의 담장이 있었다. 그 외 사찰의 주요 건물들이 지금의 논벌 위에 전개되었다고 본다. 현재 경작이 이루어지고 있는 논까지는 발굴이 의도적이며 조직적으로 이루어진 적이 없다. 폐탑지를 중심으로 경작지 중심의 터를 발굴한다면 절의 대강을 알 수 있지 않을까? 결정적인 문헌 기록이 전무한 이 사찰의 알 수 없는 사실들을 밝히는 일은 정밀한 지표 조사와 발굴이 이루어져야 한다는 점이다.

목탑지 주변 풍경. 농수로와 산업도로 사이의 작은 방형 목탑지를 볼 수 있다.(국가유산청 사진, 항공촬영)

당나라로부터의 위기를 모면한 망덕사지

망덕사지는 경상북도 경주시 배반동 956번지에 있으며, 1963년 1월 21일 대한민국의 사적으로 지정하여 보호하고 있다. 국립경주박물관 주차장에서 울산으로 가는 7번 국도를 따라 약 3~4분 가면 낭산 기슭에 있는 사천왕사지 입구가 나온다. 망덕사지는 그 건너편에 있다. 당시에는 낭산자락에 사천왕사와 그 남쪽에 망덕사가 있었으나, 일제강점기 때 철길이 사천왕사지를 갈라놓게 되었고, 망덕사지도 섬처럼 국도와 둑길에 갇혀있게 되었다.

필자는 논둑길을 택하여 망덕사지로 가기로 하였다. 들판에는 농부들이 모내기 철이 다가와서 트랙터로 논썰기 작업을 하느라 한창이다. 농촌의 구수한 흙냄새를 맡으며 논둑길을 따라 약 100m쯤 걸어가니, 길 끝나는 지점에 나지막한 언덕이 있었다. 그 언덕을 오르니, 소나무 숲 아래에 있는 당간지주가 반갑게 맞아주었다. 몸체가 날씬하고 키가 큰 당간지주는 마치 망덕사지를 지키는 든든한 수문장 같았다. 보물로 지정된 당간지주를 지나 파란 새싹들로 뒤덮인 망덕사지에 들어서니 당나라로부터 위기를 모면한 옛 망덕사는 온데간데없고, 오직 그 흔적들만이 여기저기 흩어져 있을 뿐이다.

이 절을 지었을 당시에는 신라는 삼국통일 직후였으나, 당나라의 침략으로 아주 위급한 시기였다.

당나라 고종이 문무왕 15년(675)에 군사 50만 명으로 신라를 치려 하자, 신라는 낭산자락에 사천왕사를 임시로 세우고 명랑법사가 문두루비법을 행하였다. 그러자 당나라 배가 모두 바다에 침몰하였다. 얼마 후에 당나라는 5만 명 군사로 또 쳐들어 왔으나, 같은 방법으로 침몰시켰다. 고종이 이상히 여겨 당나라 옥중에 있던 박문준을 불러 그 연유를 캐물었다. 박문준은 "당나라의 은혜로 신라가 삼국을 통일하였기에 그 은덕을 갚기 위해 사천왕사를 지어 황제의 만년 수명을 축원하고 있다."라고 거짓으로 이야기하였다. 고종은 크게 기뻐하며 곧 예부시랑 악붕귀를 신라에 보내 그 절을 확인토록 하였다.

신라의 문무왕은 사천왕사를 당의 사신에게 보이지 않기 위해 사천왕사의 남쪽에 새로운 절을 지어 그곳으로 악붕귀를 인도하였다. 그러나 악붕귀는 "이 절은 사천왕사가 아니라 망덕요산의 절이다."라며 새로운 절에는 끝내 들어가지 않았다.이에 신라의 관리들이 금 1천 냥을 뇌물로 주어 매수했다. 돈의 위력은 예나 지금이나 위대했던 것 같다. 귀국한 악붕귀는 고종에게 "신라는 사천왕사를 짓고, 새 절에서 황제의 만수무강을 빌고 있었을 뿐입니다."라고 보고하여 위기를 모면하였다. 이후 새 절의 이름은 악붕귀의 말에서 딴 망덕사가 되었다고 한다.

망덕사에 얽힌 설화와 망덕사의 가람배치는?

『삼국유사』「권제2」 기이제2 '문호왕법민'조의 망덕사 연기 설화에 따르면 이 절은 문무왕 15년(675) 이후 어느 시기에 지어진 것으로 되어 있다. 그러나 『삼국사기』「권8」 신라본기8 '신문왕 5년(685)'조에는 "여름 4월에 망덕사(望德寺)를 완성하였다."라고 기록하고 있어 앞의 연기 설화에서 기록하고 있는 창건 시기와 차이를 보인다. 이러한 차이에 대해서는 문무왕 대에 절을 짓기 시작하여 신문왕 5년에 완성된 것으로 보기도 한다.

한편 『삼국유사』「권5」 감통7 '진신수공(眞身受供)'조에는 "장수 원년(692) 임진에 효소가 즉위하여 처음으로 망덕사를 세우고 장차 당 황실의 복을 빌었다."라고 하였다. 이에 대해서 『삼국유사』의 찬자 역시도 '문호왕법민조'에서 망덕사의 연기 설화를 정리한 뒤 그 말미에 세주를 달아 "혹은 효소왕 때의 일이라고 하나 잘못이다."라고 지적하고 있다.

『삼국유사』에서는 '석가 진신 공양'의 설화가 다음과 같이 전해지고 있다.

효소왕 6년(697)년 왕이 망덕사 낙성회에 직접 행차해 공양하는데, 행색이 초라한 비구가 몸을 굽히고 뜰에 서 있다가 왕에게 "소승도 이 재에 참석하고자 한다."라고 청했다. 왕은 맨 끝자리를 내주어 앉기를 허락했다.

재가 끝났을 때, 비구승의 모습이 남루하므로 왕이 희롱하며 말을 걸었다.

"비구는 어느 곳에 살고 있는가?"

"비파암에 있습니다." 비구승이 대답했다.

"다른 곳에 가서는 국왕이 친히 불공하는 재에 참석했다고 말하지 말라."

비구승이 웃으며 대답했다.

"국왕께서도 다른 사람에게는 진신 석가를 공양했다고 말하지 마시오." 말을 마치자 솟구쳐 하늘에 떠서 남쪽으로 향하여 가버렸다. 왕은 놀랍고 부끄러워서 동쪽 산에 올라가서 비구승이 간 방향을 향해 멀리서 절하고 사람을 시켜 찾게 했다. 비구는 남산 삼성곡(대적천원)이라는데 이르러 바위 위에 지팡이와 바리때를 놓아두고 숨어버렸다. 사자(使者)의 복명에 따라 왕은 석가사를 비파암 아래에 세우고, 비구가 없어진 곳에 불무사를 세워 지팡이와 바리때를 나누어 모시게 되었다.

망덕사지 발굴조사는「문화재관리국」에 의해 1969년과 1970년 2차례 실시되었고, 2013년「계림문화재연구원」에서 시굴 조사를 하였다.

발굴조사 결과, 망덕사지의 전체 가람구조는 가장 남쪽에 사찰 출입시설로 추정되는 계단이 있고, 그 북쪽에 중문이 연결되었던 것으로 추정할 수 있다. 그리고 다시 그 북쪽으로 동 · 서 목탑이 각각 위치하고, 금당과 강당이 동 · 서 중심축 선상에 남북으로 각각 차례대로 배치되었던 것으로 볼 수 있다. 또한, 중문과 강당을 잇는 사방에는 회랑을 돌렸고, 감은사와 마찬가지로 금당과 양측 동 · 서 회랑 사이로 익랑을 두었을 것으로 추정된다.

망덕사지 강당지는 북편에 노출된 방형초석 2매를 강당지 초석으로 추정하였다. 초석은 한 변의 길이가 75~80㎝의 방형이고, 그 상면에는 원형주좌가 있다. 그러나 강당지의 정확한 규모는 알 수 없다. 지금은 억새풀로 뒤덮여 초석과 원형주좌 조차도 볼 수가 없다.

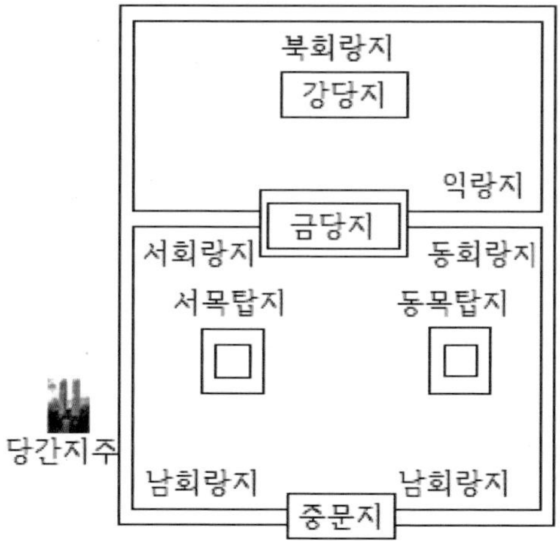

망덕사지 추정 가람배치도

금당지는 발굴조사결과 동·서 방향의 초석 2열에다가 그 남쪽과 북쪽으로 각각 1열의 초석열이 더 있는 정면 5칸, 측면 3칸의 장방형 건물지이다. 금당에는 동서남북에 각 1개씩 계단이 설치된 것으로 보인다. 금당지 출토유물 중에는 암막새가 많다. 이 암막새들은 금당지에서 특히 많이 출토되는데, 시기를 달리하여 금당에서 사용된 막새로 추정할 수 있다. 이 중에서 화문암막새는 고려시대 전기로 편년이 가능하므로, 망덕사 금당은 7세기 후반에 조성되어 통일신라와 고려시대에 각각 한 번의 중창이나 대규모 개와가 있었던 것으로 추정된다.

동·서 목탑지는 중심에 있는 심초석을 기준으로 할 때 33m의 거리를 두고 좌우로 대칭을 이루고 있다. 동탑지에는 15개의 초석이 확인되었다.

탑의 건물은 남아있는 초석의 배치로 봐서 동·서 목탑은 모두 정면 3칸, 측면 3칸의 방형 건물로 추정되며, 현재 탑지 중심에는 팔각의 심초석이 남아 있다.

망덕사지 금당지의 초석 배치

기단 형태는 면석, 갑석, 지대석 등을 참고로 할 때, 석축가구식기단이 분명하다. 또한, 각 기단 면의 중앙에는 1개의 계단이 있었던 것으로 보인다.

목탑지는 흙으로 쌓은 단의 흔적이 확인되는데, 13층으로 되어 있었던 두 탑 중 서탑은 나무와 흙에 매몰되어 동탑과 비교하면 그 훼손 상태가 매우 심각하다. 동탑은 기단 주위에 탱주석과 면석, 지대석이 남아있으며, 남아있는 기단 석재만으로도 기단 복원이 가능할 정도로 상태가 좋다.

동탑지 심초석과 사천주 초석

망덕사지 탑에서는 신라의 목탑 유구 가운데 유일하게 팔각 형태의 심초석이 확인되고 있는데, 동·서 목탑지 심초석 모두 가운데 사리공에 사리함을 봉안한 2단으로 구성된 네모 모양의 구멍이 패여 있다.

서탑지는 경작 등에 의해서

기단 대부분이 유실되어 현재 심초석 1매와 초석 2매가 노출되어 있다. 발굴조사 결과 남쪽에서 3매, 북쪽에서 1매 등 모두 4매의 지대석이 확인되었다.

이 두 탑은 『삼국사기』에 따르면 경덕왕 14년(755년)에 갑자기 심하게 흔들리면서 떨어졌다 붙었다 하며 며칠 동안 넘어질 듯 하였다고 한다. 그 해에 당나라에서는 안록산의 난이 일어나 혼란스러웠기에 당나라와 연관된 이 절이 거기에 감응한 것 아닌가 하는 소문이 돌았다고 한다. 그뿐만 아니라 원성왕, 애장왕, 헌덕왕 때도 세 번이나 두 탑이 부딪혔다고 한다.

중문지 밖 사찰안으로 들어오는 계단지

그리고 중문지 밖에는 계단의 흔적이 있다. 이 계단을 통하여 사찰 안으로 출발했을 것이다. 2013년 「계림문화재연구원」에서는 망덕사지 유적 정비계획안을 설계하면서, 이 계단지의 높이를 약 4.8m, 길이를 약 2m로 추정하였다. 현재는 계단에 사용된 것으로 추정되는 팔각 석주와 석재들이 여기저기 흩어져 있다. 앞으로 추가적인 조사를 통해 망덕사지 대형계단에 대한 전모가 밝혀지기를 기대해 본다. 그 밖에 회랑, 익랑, 남쪽 계단과 연결된 중문지 등에는 기단석렬, 적심 등 관련 유구가 발견되었다.

『삼국유사』 「권제5」 감통 제7 '선율 환생 조'에 망덕사 스님 선율에 대한 설화가 다음과 같이 전해지고 있다.

선율은 망덕사의 스님이었다. 육백반야경(六百般若經)을 이루려

하다가 성공을 보지 못하고 세상을 떠났다. 그러나 염라대왕으로부터 특별 사면을 받아 죽은 지 10일 뒤에, 이 세상으로 살아서 되돌아오게 되었다. 무덤 속에서 3일 동안이나 사람 살리라고 외치다가 한 목동이 그 소리를 듣고, 절에 연락해서 세상 빛을 보게 되는 기적의 환생을 한 것이다.

그리고는 이승으로 환생할 때 저승에서 만난 여인, 이미 15년 전에 죽었으나, 생전의 부모 죄로 고생하고 있는 여인의 소원을 들어주기도 한다. 이러한 기적의 주인공이 망덕사의 스님이라는 것은 역시 망덕사가 그러한 기적의 절이었음을 뜻하는 것 같다.

망덕사지 당간지주와 목탑의 상륜부

보물로 지정된 망덕사지 당간지주

망덕사지 당간지주는 경상북도 경주시 배반동 964-2번지에 있으며, 높이는 2.44m이다. 1963년 1월 21일 보물로 지정되었다.

『삼국사기』에 의하면, 망덕사는 신문왕 5년(685)에 창건된 사찰이므로 당간지주도 당시에 같이 조성되었을 것이다. 이 당간지주는 망덕사지 남서쪽에 민묘가 있는 바로 옆에 65㎝ 간격으로 서로 마주 보고 서 있다. 표면에는 아무런 조각과 장식을 두지 않고 바깥면의 모서리를 윗부분부터 줄어들게 하여 장식적인 효과를 내었고, 기둥머리는 안쪽 측면에서 바깥면으로 내려오면서 곡선을 그리며 외부로 약간 깎여져 경사를 이루고 있다. 아래쪽에는 치석을 하지 않고 육중하게 처리되었다. 사천왕사지 당간지주와는 달리 중간에 고정공이 없으며, 안쪽 윗면에 당간을 고정하기 위한 네모난 홈을 만들었다. 각 면에는 비록 조각은 없으나 소박하고 웅장한 기풍을 보인다.

상륜부로 추정되는 석재

이곳 절터에서 발견된 유물 가운데 특히 주목되는 것은 1940년대 근처 논에서 논을 정지하다가 망덕사 목탑의 상륜부로 추정되는 석재가 발견되었다. 현재 동국대학교 경주캠퍼스 박물관에 보관하고 있다.

이 석재는 전체 높이 98㎝, 밑지름 34㎝에 5개의 보륜을 둘렀으며 밑부분에는 노반에 꽂았던 것으로 짐작되는 촉이 지름 약 17㎝ 나와 있다. 이를 보아 목탑의 웅장함과 화려함, 장인들의 솜씨를 가늠하는 좋은 자료가 되고 있다.

암곡 골짜기에 무장사지가 있다

'약보(藥補)보다는 식보(食補)가 낫고 식보보다는 행보(行補)가 낫다.'

동의보감에 있는 말이다. 약이나 보양식보다는 걷는 게 건강에 좋다는 의미이다.

필자는 건강을 자신하지는 못 하지만 걷는 것을 즐기는 편이다. 매일 만 보를 걷고 산도 자주 찾는다.

무장봉은 산을 좋아하는 사람들에게 널리 알려진 산은 아니나 가을엔 정상 부근의 억새가 장관이라는 소문이 나고부터는 찾는 사람이 많다. 필자도 이 산봉우리인 무장봉과 무장사지를 여러 번 찾고 있다.

무장사지는 무장봉 중턱에 있다. 흥륜사, 영묘사, 황룡사, 분황사 등 주로 서라벌 중심에 있던 사찰이 9세기 초 신라에 선종(禪宗)이 들어오면서 지방, 또는 산속에도 사찰이 들어서게 된다. 무장사 창건은 8세기 후반으로 추정되니 그와 같은 흐름의 시작이 아니었을까?

『삼국유사』에는 무장사에 대해서 이렇게 설명하고 있다.

"허백(虛白)이 생길만하고, 마음을 쉬고 도(道)를 즐길 만한 신령스러운 곳……"

이 구절에서 무장사가 선종 사찰임을 암시하고 있다. 그렇다면 무장사는 선종 사찰의 시원(始元)이 아니었을까?

중국 당나라 때 선종인 임제종의 고승 임제의현(臨濟義玄)은 깨침이 무엇인지 묻는 제자에게 이렇게 말했다.

"爾言下便自回光返照(이언하변자회광반조)
너의 묻는 말 속에 문득 회광을 반조할 수 있으니
更不別求(갱부별구)
따로 구할 곳이 없으니
知身心與祖佛不別(지신심여조불부별)"
이러한 신심은 불조와 한 치도 다르지 않음을 알아야 한다.

여기서 '회광반조(回光返照)'란 '빛을 돌이켜 거꾸로 비춘다'라는 뜻이다. 참 나를 다른 데서 찾으려 하지 말고 자기 자신을 되돌아보라는 의미로 받아들여야 할 것이다.

요즈음 정치인들의 언행이 아주 못마땅하다. 그러나 임제 스님이 나를 크게 꾸짖으실 것 같다.

"회광반조의 뜻을 제대로 알기는 하는가!"

스님이 내리치시는 죽비에 등짝이 서늘해진다.

병기와 투구를 감추었다는 무장사

『삼국유사』「탑상」편에 무장사의 사찰명에 대해서 이렇게 설명하고 있다.

> "세상에 전하는 말에 의하면, 태종이 삼국을 통일한 뒤에 병기와 투구를 이 골짜기 속에 감추어 두었기 때문에 무장사라고 한다."

그런데 『신증동국여지승람』「경상도 경주부」편에서는 "무장사는 부의 동북쪽 30리, 암곡촌(暗谷村)의 북쪽에 있다. 속설에 전하기를, 고려 태조가 삼국을 통일한 후에 무기와 투구를 골짜기 속에 감추었으므로 무장사라 이름 지었다고 한다. 옛 비석이 있다."고 기록되어 있다.

병기 또는 무기와 투구를 감추었기 때문에 무장사(鍪藏寺)라고 한다는 내용은 동일하나 그 시기가 서로 다르다. 그런데 고려 태조와 관련이 있다는 『신증동국여지승람』의 기록은 오기임이 분명하다. 그리고 무기와 투구를 감추었기 때문에 무장사라고 한다는 기록에도 문제가 있다. 투구도 무기의 한 종류라고 할 수는 있으나 칼, 창, 화살 등 당시 대표적인 무기를 두고 왜 굳이 투구[무(鍪)]를 감추었다고 했을까? 무기를 감추었다면 '무장(武藏)'이라 하고 사찰 이름도 '무장사(武藏寺)'라고 해야 하지 않을까?

이 골짜기는 골이 깊어 등산객이 많이 찾는 늦가을이 아니면 산길을 혼자 오르기가 꺼림직하다. 그래서 날짜를 휴일에 맞추어 다시 무장사지를 찾았다. 보문단지 입구를 지나 농협연수원을 지나기 전 바로 좌회전을 하여 암곡으로 들어간다. 주차장에 차를 주차한 후 무장봉 쪽으로 가면 바로 오른쪽으로 개울 건너 길이 있다. 몇 주 전 이 길로 동대봉산 정상을 오른 적이 있다. 동쪽으로 난 길을 따라가면 경주국립공원 암곡탐방지원센터에 이른다. 이제부터 본격적인 무장봉과 무장사지로 가는 탐방로이다.

무장사지까지는 경사가 심하지 않아 그리 힘들게 느껴지지는 않는다. 등산로를 따라 한참을 오르면 저 앞으로 목조 통행로가 나타나고 오른쪽으로 고개를 돌리면 삼층석탑이 우뚝하다. 탐방지원센터에서 무장사지까지 2.4Km인데 약40분 걸린다.

무장사와 관련하여 『삼국유사』 「탑상」편 '무장사 미타전'조의 기록을 다시 살펴본다.

> "서울 동북쪽 20리쯤 되는 암곡촌 북쪽에 무장사가 있다. 제38대 원성대왕의 아버지 대아간 효양(孝讓), 즉 추봉된 명덕대왕이 숙부인 파진찬을 추모해서 세운 것이다. 그윽한 골짜기가 몹시 험준해서 마치 깎아 세운 듯하다. 깊고 어두워 저절로 허백(虛白)이 생길만하고, 마음을 쉬고 도를 즐길 만한 신령스러운 곳이었다. 절의 위쪽에 아미타의 옛 전각이 있다. 소성대왕의 왕비 계화왕후(桂花王后)는 대왕이 먼저 세상을 떠났으므로 근심에 차서 어찌할 줄 모르고 지극히 슬퍼하여 피눈물을 흘리고 괴로워했다. 이에 그는 밝고 아름다운 일을 돕고 명복을 빌 것을 생각했다. 서방에 아미타라는 대성(大聖)이 있어 지성으로 그를 믿으면 잘 구원하여 맞아 준다는 말을 듣고 '이것이 사실이라면 어찌 나를 속이겠느냐.'하고는 왕후가 입던 화려한 옷을 희사하고 재물을 관리하던 관청에 저장해 두었던 재물을 다 내어 이름난 공인들을 불러서 아미타불상 하나를 만들게 하고,

아울러 신중(神衆)도 만들어 모셨다.

이보다 앞서 이 절에는 늙은 중 하나가 있었는데 어느 날 꿈에, 진인(眞人)이 석탑 동남쪽 언덕 위에 앉아서 서쪽을 향하여 대중을 위해서 설법하는 것을 보고 속으로, '이곳은 반드시 불법이 머무를 곳이다.' 라고 생각하고 마음속에 숨겨 두고 남에게 말하지 않았다. 그곳은 원래 바위가 험하고 시냇물이 급하게 흐르므로 공인들은 돌아다 보지도 않았고, 다른 사람들도 모두 좋지 못한 곳이라고 했다. 그러나 터를 닦을 때에는 평탄한 곳을 얻어서 집을 세울 만하여 확실히 신령스러운 터와 같으니 보는 이들은 깜짝 놀라 좋다고 하지 않는 이가 없었다. 그러나 이후에 미타전은 허물어지고 절만 홀로 남아 있다."

위 기록으로 미루어 일연이 『삼국유사』를 집필한 고려 중기에는 일부 전각이 허물어지면서 점차 퇴락되어 간 듯하다. 그러나 주변에 흩어진 기와 편을 볼 때 조선시대까지도 법등은 미력하나마 이어져 왔던 듯하다.

그리고 "그윽한 골짜기가 몹시 험준해서 마치 깎아 세운 듯하다. 깊고 어두워 저절로 허백(虛白)이 생길만하고, 마음을 쉬고 도(道)를 즐길 만한 신령스러운 곳이었다.…"라는 표현에서 일연이 이곳을 직접 찾았음을 알 수 있다.

원성왕의 아버지가 숙부를 위해 창건하고 이후 소성왕의 비인 계화왕후가 남편을 위해 아미타전을 세웠다는 사실에서 천여 년 전 신라 사람들의 따뜻한 마음을 읽을 수 있다. 특히 계화왕후가 왕위에 오른 지 1년여 만에 죽은 남편의 극락왕생을 기원하여 아미타전을 세웠다는 사실에서는 부부간의 애틋한 사랑을 느낄 수 있다. 이후 소성왕의 아우로 왕위에 오르게 되는 흥덕왕의 비는 소성왕의 딸인 장화부인이다. 『삼국유사』 「기이」편 '흥덕왕과 앵무'

에서 소성왕의 딸인 장화부인을 그리워하는 흥덕왕과 계화부인의 모습이 겹쳐진다. 신라 사람들의 부부지간의 각별한 애정에 새삼 숙연해진다.

유대의 속담에 이런 말이 있다.

"세상에서 가장 행복한 남자는 좋은 아내를 얻은 사람이다."

계화부인의 축원으로 극락세계로 간 소성왕이 환하게 웃고 있을 것 같다.

무장사지를 지키고 있는 사적비와 삼층석탑

조선 전기의 학자 성현이 쓰고 김남이·전지원 등이 옮긴 용재총화(慵齋叢話)를 읽고 있다.

이 책은 고려로부터 조선 성종 대에 이르기까지의 민간 풍속·문물제도·문화·역사·지리 등 문화 전반을 다룬 잡록이다.

여기에 이런 이야기가 실려 있다.

효령대군은 불교를 독실하게 믿었다. 늘 산사(山寺)에 도량(道場)을 마련해 온종일 경건하고 성실하게 절을 했다. 양녕대군이 뒤따라 오면서 첩 두어 명을 거느리고 팔뚝에는 매를 올리고 사냥개도 데리고 왔다. 섬돌 아래에 사냥해 잡은 꿩과 토끼를 쌓아놓고 고기를 굽고 술을 데워 진탕 마시고 잔뜩 취해서 법당에 올라 제멋대로 굴었다. 효령대군이 낯빛을 바꾸어 이렇게 말했다.

"형님께서는 지금 이처럼 악업을 지으시니 죽어서 지옥에 떨어질 것이 두렵지 않습니까?"

이에 양녕대군이 이렇게 대꾸했다.

"선근(善根)을 심은 자는 구족(九族)을 도리천에 태어나게 한다고 하던데 형제야 말해 무엇하겠는가? 나는 살아서는 국왕의 형으로서 마음껏 노닐 것이요, 죽어서는 보살의 형으로서 반드시 극락에 오를 것이다. 어찌 지옥에 떨어질 리가 있겠는가?"

필자에게는 형제 중 마음껏 노닐게 해 줄 국왕이 없고 또한 보살이 된 아우도 없으니 살아서도 죽어서도 걱정이다.

걱정을 잊으려고 다시 무장사지를 찾는다. 문득 장자(莊子) 외편(外篇) 천도(天道)의 다음 구절이 머리에 떠오른다.

與人和者(여인화자)
　사람과 조화되는 것을
謂之人樂(위지인락)
　사람의 즐거움이라 하는데
與天和者(여천화자)
　자연과 조화되는 것은
謂之天樂(위지천락)
　하늘의 즐거움이라고 한다.

찾는 이의 발길이 뜸한 무장사지를 다시 한 바퀴 휘돌고 하늘을 바라보니 마음이 한결 가벼워진다.

법정스님의 '산방한담'에 이런 구절이 있다.

"산에서 듣는 바람 소리는 귓전만을 스치는 것이 아니다. 저 뼛속에 묻은 먼지까지도, 핏줄에 섞인 티끌까지도 맑게 씻어 주는 것 같다. 산바람 소리는 갓 비질을 하고 난 뜰처럼 우리들 마음속을 차분하고 정결하게 가라앉혀 준다. 인간의 도시에서 묻은 온갖 오염을 씻어준다.”

가끔 일이 손에 잡히지 않을 때가 있다. 그럴 때면 산을 찾는다. 특히 이곳 무장봉에 들어서면 늘 법정스님의 이 글이 생각난다.

무장사지는 위와 아래로 단을 이루고 있는데 윗단에는 사적비가 있고 그 아래는 미타전 터로 알려져 있다. 아래 단의 끝자락에 삼층석탑이 있다.

현재 이곳에는 미타상을 조성한 인연을 적은 무장사아미타불상사적비의 이수 및 귀부와 숲 사이에 있는 삼층석탑이 이곳이 옛 절터임을 일깨워주고 있다.

현재 보물로 지정된 아미타조상사적비는 비신이 없어지고 다만 비를 받혔던 쌍귀부와 비신 위에 올렸던 이수만이 남아 있는데 2011년 몸돌을 다시 만들어 세웠다. 경주 지역에 있는 비신의 귀부는 태종무열왕릉을 비롯하여 13기가 전해지고 있다. 옛 절터에는 6기가 있는데, 그중 이곳 무장사지를 비롯하여 숭복사지, 창림사지, 포항 신광면의 법광사지에는 쌍귀부가 있다.

이곳 무장사지 비좌의 귀두(龜頭)는 절단되어 없어졌으며, 귀부 비좌 위쪽 4면에는 전면과 후면에 각각 4구, 좌우 측면에 2구씩 12지신상이 조각되어 있다. 이러한 형식은 다른 곳에서는 찾아볼 수 없는 특이한 형태이다. 또 지금까지 사찰이나 왕릉에서 귀부의 방향이 남향이나 여기서는 서향이고, 자상(子像, 쥐상)의 경우 북쪽을 향해야 하는데 동향을 하고 있다. 따라서 귀부의 방향을 남향으로 바로 잡아야 하는 것 아니냐는 주장이 있다.

무장사아미타불조상사적비(좌), 이수(중 상), 비좌(중 하), 무장사지삼층석탑(우)

비좌의 귀두는 모두 파손되어 유실되었는데 2008년 비신 복원을 위해 현장 조사를 시행하던 중 서쪽으로 약 30m 떨어진 계곡에서 파손이 심한 왼쪽 두상을 발견하여 이를 복원하였다. 학계에서는 이 귀두는 용머리로 변모해 가는 과정으로 학술적 가치가 높은 것으로 평가하고 있다.

비신 위에 얹혀진 이수는 6마리의 용이 구름 속에서 용틀임을 하면서 앞발로 여의주를 움켜잡고 있는 모습이다.

행방이 묘연했던 이 비가 다시 빛을 보게 된 것은 조선 정조 때의 대학자인 이계 홍양호(1724-1802)에 의해서이다.

그가 경주부윤을 지낼 때였다. 마을 사람이 맷돌로 콩을 갈고 있는데 유심히 살펴보니 그 맷돌은 평범한 돌이 아닌 비석의 파편이었다. 이미 마멸이 심해 알아보기 어려웠으나 이전에 비문 전부를 탁본한 것이 있어 무장사지 비편이라는 것을 알게 되었다. 이 비에 새겨진 글씨는 김생 글씨라고도 하고 왕희지 글의 집자(集字)라고도 하는데, 일찍이 금석학자이기도 한 추사도 빼어난 글씨라 높이 평가한 바 있다. 그가 1817년 직접 이곳을 찾았을 때 비편을 새로 발견하고 사찰 뒤로 옮겼다고 한 내용이 있어 19세기 초반 이후 폐사되었음을 알 수 있다.

1915년 비편 가운데 세 조각이 발견되어 국립중앙박물관에 보관 중이다. 현재 확인 가능한 일부 글자를 새겨 비신을 보완하였으나 이수 및 귀부와는 어울리지 않아 어색하다.

이 절터 아랫단 끝자락에는 역시 보물로 지정된 무장사지삼층석탑이 있다. 이중의 기단 위에 3층의 탑신을 올린 탑으로 적정한 비례와 균형이 잘 잡힌 당당한 모습으로 통일기의 전형적인 신라의 석탑이다.

아래층 기단 사면으로는 모서리기둥[우주(隅柱)]과 버팀기둥[탱주(撑柱)] 2주를 새기고 그 위 1층 몸돌에는 각 면마다 안상을 2개씩 조각하였다. 이처럼 기단에 인상을 새긴 예로는 현재 국립경주박물관 입구 왼쪽 높은 곳으로 옮긴 남산 승소곡 삼층석탑에서도 볼 수 있다.

각 층의 탑신석과 옥개석은 각각 1매씩 모두 6매로 구성되어 있다. 1층 몸돌 중앙에는 큼직한 네모 모양의 사리공이 있다. 지붕돌 아래로는 층급받침이 5단이고 처마선은 직선을 이루다가 양 끝이 살짝 들려 있다. 각층 옥개석 위에는 각형의 2단 탑신 받침이 있다. 옥개석의 네 모서리에는 풍령(風鈴) 등 장식을 달았던 작은 구멍이 각 변마다 2개씩 뚫려있다.

무너진 채로 방치되어 있던 이 탑의 잃어버린 석재를 보충하여 1963년 복원하고 다시 1996년 전면 해체 보수하였다. 상륜부의 노반과 복발은 새로운 석재로 보완하였다. 이 탑은 9세기 이후에 건립된 것으로 학계에서는 보고 있다.

미탄사지(味呑寺址) 삼층석탑

귀족층의 원찰(願刹) 미탄사(味呑寺)

미탄사지는 경상북도 경주시 황룡사 부근 구황동 들판 가운데에 위치한 절터이다. 넓은 황룡사지에서 보면 작은 점처럼 보이는 미탄사지 삼층석탑을 실제 마주하게 되면 그리 작은 규모의 탑은 아니라는 것을 알게 된다. 단정한 모습의 삼층석탑과 그 앞에 놓인 석등의 간주석이 남아 있어서 이곳에 사찰이 있었다는 것을 알려준다. 미탄사(味呑寺)는 8세기 이후 신라왕경 내 도시가람으로 지어진 귀족층의 원찰(願刹·죽은 사람의 명복을 빌던 사찰)로 추정되며, 주변에 있었던 황룡사와 분황사가 있고 바로 건너 낭산 자락에는 만정이라는 와편이 발견되어 만정사로 추정되는 사찰이 그리고 한 구비 돌아가면 황복사지 그리고 북쪽으로는 도림사지가 있다. 이렇게 가깝게 도시 가람이 많이 있다는 것이 그저 놀라울 뿐이다. 이 땅은 정말 불국의 나라였는가 보다.

2013년부터 「중요 폐사지 시·발굴조사 사업」에 따라 진행된 조사에서 그 동안 추측만 해왔던 미탄사의 위치와 명칭을 최초로 증명 하는 미탄(味呑)이라는 명문이 새겨진 기와, 정(井)자명 전돌

미탄(味呑) 명문 기와

등과 더불어 강당 터로 추정되는 건물지 등이 발견되면서 신라시대 수수께끼의 절로 인식되어온 미탄사의 신비가 드디어 풀렸다. 그리고 미탄사와 더불어 최치원의 옛 집인 독서당(讀書堂) 위치까지 확증하는 중요한 자료라는 평가를 받고 있다. 이 지역은 농사로 오랫동안 훼손 되어서 절터의 정확한 범위나 가람 배치 양식, 건립 과 폐허가 된 시기 등은 알 수 가 없다. 그리고 이 절터에는 최근까지 경작이 이루어진 곳으로 동남쪽에서부터 주변으로 지형이 점점 낮아진다. 최근까지 농민들이 논농사 밭농사를 활발하게 하였던 들판으로 지금도 그 흔적 들을 여러 곳에서 찾아볼 수 있다. 경작 토는 흑갈색 사질점토층이며 하부에서 유구층이 확인된다.

문헌에 미탄사에 대한 직접적인 기록은 남아 있지 않지만 『삼국유사』 신라시조 혁거세왕 편에 최치원은 신라 왕경 6부 중에서도 본피부(本彼部) 사람이며, 그가 살던 집터는 황룡사 남쪽의 미탄사(味呑寺) 남쪽이라는 내용이다. 이로 보면 북쪽 황룡사를 기준으로 그 남쪽으로는 미탄사라는 사찰이 있었고, 다시 그 남쪽에 최치원 집이 있었던 것으로 추정된다. 그리고 미탄사는 출토 유물을 통해서 볼 때 중심연대는 8세기에서 9세기로 보이며 고려시대까지 계속해서 중건되었던 것으로 보인다. 가까이 가보니 미탄사지 삼층석탑은 1, 2차 발굴 이후에 일반인들이 가까이 접근을 하지 못하게 현재 탑 주위로 낮은 철제 울타리를 둘러 보호하고 있었다.

미탄시지는 황룡사 남동쪽으로 엇비슷하게 위치하고 있고 아마 황룡사와 양쪽가람의 담장은 그의 근접한 상태로 있었을 것으로 짐작이 된다. 주변들판을 살펴보면서 한때는 정말 화려했던 신라 왕경지역의 한복판에 위치한 좀 작은 규모의 아름다운 가람이 아니었나 하고 상념에 잡힌다. 미탄사의 조성 경위에 대해서는 알려진 바가 없으나 고려 때 지은 『삼국유사』에 이미 고허(古墟: 오래된 폐허)로 기록되어 있어 그전에 폐사된 것으로 추정된다. 미탄사의 규모와 성격 등이 파악된다면 통일신라시대 도심 속 왕경인의 신앙생활을 파악할 수 있을 것이고 이러한 결과가 세계유산으로 지정된 역사문화경관(월성, 동궁과 월지, 황룡사지 등)과 어우러지는 보존과 활용으로 이어지길 기대하고 있다. 가까운 시간 내에 황룡사 복원과 함께 미탄사도 같이 복원되어서 주위경관을 더욱 새롭게 할 필요성이 있지 않나 생각된다.

지금은 아무것도 남아 있지 않다. 처음부터 이 세상에 단 한 번도 존재한 적 없었던 것처럼. 바람이 불어오면 억새 가득한 들판은 바람 길이 된다. 그 바람은 탑을 지나 풀을 갈라 그 탑과 마주하는 사람에게도 달려온다. 탑은 무언의 말로 인사를 건네고 말이 아니면 대화를 할 수 없는 인간과 달리 그저 세월을 견디어낸 그 모습으로 말을 대신한다. 큰 길을 지나는 자동차 소리와 바람소리 그리고 탑 위에 둥지를 튼 매 한마리가 내는 소리가 함께하는 시간이 지나간다.

황량한 들판에 외로이 서있는 삼층석탑

복원된 미탄사지 삼층석탑

미탄사지 삼층석탑은 발굴조사 이전까지는 무너져 있어 기단부와 탑신부 일부 부재가 소실된 채로 방치되어 있었다. 1980년에 남은 부재들을 모아 복원하였고, 없어진 부재는 새로 만들어 조립하였다. 석탑은 3층으로 이루어진 탑신부와 상륜부로 이루어진 신라의 일반적인 형태의 석탑 가운데 하나이다. 상륜부는 노반만 남아 있으며, 흩어져 있던 탑재를 모아 복원한 삼층석탑으로, 높이 6m, 기단 너비 3.86m이다. 이 석탑은 아무리 늦어도 8세기 후반에는 조성되었을 것으로 보인다. 발굴 당시 탑의 기단부에서 소금동불입상(小金銅佛立像) 1구, 수정제 장식(水晶製裝飾) 2점, 금동제 영락(金銅製瓔珞) 1점, 흙으로 만든 벼루 편 등을 포함한 유물 30여 점이 발견되었는데, 유물의 성격으로 미루어 9세기 중엽에 건립된 것으로 추정된다. 당시 석탑의 적심부(積心部)를 조성하면서 돌과 찰흙을 섞어 다진 후 불에 구워 단단하게 만드는 특이한 공법을 사용했던 것으로 밝혀졌다. 그러나 당시에는 탑과 주변부에 대한 조사만 실시하였고 사역에 대한 별도의 조사는 이루어지지 않았다. 이후 미탄사지는 별다른 조사가 이루어지지 않은 채 방치되어 있다가 2013년과 2014년

두 차례에 걸친 미탄사지 사역 확인을 위한 시굴조사를 실시하면서 본격적인 고고학적 조사가 이루어졌다고 할 수 있다. 지금까지 실시한 1, 2차 조사결과로 볼 때 미탄사지에서는 탑을 중심으로 북쪽에서는 추정 금당지와 강당지, 담장 등 대형 건물지들이 확인되었고 남쪽에서는 추정 문지와 배수로, 도로 등이 확인되었다. 동쪽에서는 현재 사용하고 있는 농로와 붙어서 대형 배수로와 담장열이 남북으로 절터 전체에 걸쳐 있는 것으로 확인되었다. 사찰 영역은 삼층석탑과 금당으로 구성된 예불 공간, 승려들이 거주하는 승방과 부속 건물 등으로 구성된 생활공간으로 나눠진 것으로 확인되었다.

2013년 2차 시 발굴 조사에서 사찰 동남편 건물지에서 출토된 토제나한상(羅漢像)도 중요한 성과 가운데 하나이다. 4.5cm인 나한상은 형상화 한 인물토우이다. 가사를 두르고 민머리를 하고 있으며 하늘을 향해 입을 벌리고 있다. 상반신 일부만 남아 있고 전체적으로 암록색 자연유가 부착되어 있다. 비록 하반신이 결실됐지만 왼쪽 어깨에 가사를 걸치고 오른쪽 손을 뒷머리에 대여서 탄식하며 절망하는 표정이 생동감 있게 표현되어 있다. 그리고 하대갑석과 지대석 사이에서 발견된 새 모양의 지진구가 발견되었는데, 지진구는 큰 건물을 세울 때 땅의 기운을 누르기 위해 묻는 것으로 목탑 등 목조 건축물에서 확인된 예가 있지만, 석탑에서는 처음으로 발견되었다.

토제 나한상(羅漢像)

최고의 지혜를 깨우치는 미륵골(彌勒谷) 보리사(菩提寺)

동남산 앞쪽 넓은 들녘에 잔잔한 가을바람이 불면 황금빛 들판이 일렁거린다. 어린 시절 친구들과 논두렁길을 타고 뛰어다니며, 땀 흘려 잡은 메뚜기를 강아지풀 한 줄기마다 가득 꿰어진 것을 두세 개 가지고 가면, 어르신네들의 멋진 안주가 되었다는 생각이 난다.

탐스럽게 익어가는 벼 이삭을 보는 농부는 보기만 해도 배가 부르고, 한 톨의 쌀을 얻기까지 사람의 손길이 여든여덟 번은 거쳐야 한다고 하여 '八十八'을 결합하니 새로운 의미를 가진 米(쌀미)자로 구성되었음을 알 수 있다. 풍년을 기대하며 좋은 쌀을 얻기 위하여 힘들고 고된 과정을 거쳐야 한다는 생각을 하면, 매일같이 먹는 밥알 한 톨도 귀하고 소중하게 여겨야 할 것이다.

낭산 사천왕사 맞은편 화랑교육원 가는 길로 들어서서 화랑교를 넘으면 탑골 입구 못미처 갯마을이 나선다. 갯마을 앞쪽으로는 남천이 흐르고 마을 옆으로는 「경북천년숲정원」을 품은 '경북산림환경연구원'이 있어 동네가 온통 푸르다.

경북산림환경연구원의 뒷산은 넓은 대나무 숲인데, 그 대숲 북쪽 계곡이 미륵골이다. 대숲 옆길로 약 250m 가량 산등성이로 올라가면 정상 가까운 아늑한 곳에 비구니들이 수도하는 보리사(菩提寺)가

보리사지(배반동 미륵골)

자리 잡고 있다. 이 절은 불교 최고의 이상인 불타(佛陀) 정각(正覺)의 지혜를 얻기 위한 수도장으로 불과(佛果)에 이르는 길을 인도 하는 곳이다.

《삼국사기》에 의하면 신라 제49대 헌강왕릉(憲康王陵)과 제50대 정강왕릉(定康王陵) 두 기의 왕릉이 보리사(菩提寺)의 동남쪽이라고 한 것을 보면 이 절은 두 왕릉의 북서쪽에 위치하고 있어 신라시대부터 보리사라 불러 왔던 유서 깊은 절임을 알 수 있다.

경내에 현존하는 건물로는 대웅전과 산신각·선원·종각·요사채 등이 있고, 남산에 있는 절 가운데 규모가 가장 큰 절이다. 이 절의 유물로는 통일신라 후반의 석불상을 대표하는 훌륭한 석조여래좌상과 절 앞 남쪽에 있는 마애여래좌상이 유명하다.

최고의 걸작 보리사 석조여래좌상(石造如來坐像)

아름다운 연화대좌에 앉아 있는 석조여래좌상은 자비가 넘치는 얼굴, 유려한 옷자락의 흐름, 화려한 광배 등 뛰어난 조각으로 완숙한 통일신라 예술의 향기를 내뿜는 작품이다. 석불의 전체 높이는 4.36m, 불상 높이는 2.44m로 보물 제136호로 지정되어 있다.

대좌는 팔각복련의 하대석과 팔각의 중대석 그 위에 앙련(仰蓮)이 새겨진 상대석을 갖춘 비교적 단순하고 소박한 멋이 풍겨난다. 대좌 위에 결가부좌의 자세로 항마촉지인(降摩觸地印)을 한 채 긴 눈을 가늘고 길게 뜨고 있다. 포물선으로 약간 치켜 올라간 긴 두 눈썹 사이엔 큰 광명을 비추는 백호(白毫)의 흔적이 남아 있으며, 삼각을 이룬 코, 그 밑에 조용히 다문 입술 양가에 자비스러운 미소가 어려 있다.

보리사 석조여래좌상

한없는 자비는 부드럽고 풍만한 두 뺨에 어리어 우러러보는 사람의 두 손을 절로 모아지게 한다. 나발(螺髮)로 표현된 육계는 높게 솟았으며 어깨까지 드리워진 두 귀와 삼도(三道)는 부드럽게 몸체와 연결되어 있다. 가사는 오른쪽 어깨를 드러낸 편단우견으로 입었고, 가슴에는 승기지가 엿보이고 잘게 잡은 옷 주름은 부드럽고 자연스러워 몸체를 감돌며 잔잔하게 물결친다.

불상은 사람의 형상을 기본으로 하고 있지만, 그 모습에는 종교적인 이상이 녹아있어 보통 사람과 다른 점이 서른두 가지가 있다고 한다. 그것을 32길상(吉相)이라 하는데 그중 15길 상이 부처님 몸에서 찬란한 빛이 사방을 퍼지는 장광상(長光相)으로 불상 뒤에 세우는 넓은 광배가 바로 이것이다.

보리사 여래좌상의 광배는 여섯 송이의 연꽃으로 장식된 두 줄기의 주연선(周緣線)을 불상 몸체 뒤에 타원형으로 돌려 신광(身光)을 나타내었고, 또 다섯 송이의 연꽃으로 머리 위에 원형으로 돌려 두광(頭光)을 나타내고 있다. 신광과 두광에는 보상화와 당초

무늬로 장식된 그 위에 작은 화불(化佛)이 새겨져 있다. 주연선 마디마디에 연꽃을 장식한 것은 부처님의 빛이 비치는 그곳에 부처님이 계신다는 뜻이다. 이 석불좌상의 광배는 화려함과 정교함에 있어 우리나라에서 가장 아름다운 것으로 손꼽힌다.

광배 뒷면에도 빛나는 약사여래좌상(藥師如來坐像)

보리사 석조여래좌상의 광배 뒷면에 약사여래좌상은 얕은 돋을 새김으로 새겨져 있는데 불상 높이가 1.27m 되고 무릎 넓이가 1m 가량 된다. 두 겹으로 핀 앙련 대좌 위에 결가부좌로 앉아 오른손을 가슴 앞에 들고 왼손은 약그릇을 들어 무릎 위에 얹고 설법하는 모습이다.

얼굴은 둥근 편인데 마멸이 심하여 표정은 분간할 수 없다. 머리 위에는 둥근 두광과 몸체 뒤에는 타원형의 신광을 그리고 그 가장자리에는 화염이 새겨져 있고, 연화대좌 밑에는 피어오르는 구름이 새겨져 있다.

뒷면 약사여래좌상

구름 위에 높게 앉은 이 여래상은 동방유리광세계를 제도하는 약사여래인데 반하여, 앞쪽의 석조여래좌상은 서방극락 세계의 주존불인 아미타여래로 보아야 할 것이다. 우리나라에서는 보기 드문 형식이다.

천상에 새겨진 마애여래좌상(磨崖如來坐像)

보리사 마애석불

절벽으로 된 바위를 마애(磨崖)라 하고 그 절벽 위에 새긴 부처를 마애불이라 한다. 보리사 절 앞에서 남쪽 산허리로 난 오솔길로 약 150m 올라가면 높이 2m 넓이 2.3m 되는 바위가 동으로 향해 절벽으로 솟아있는데, 이 암벽 면에 고색이 짙은 마애불이 나온다.

널찍한 연꽃 위에 단정하게 앉아 얼굴에 미소를 머금고 멀리 아래의 세계를 내려다 보는 여래상이다. 이 불상은 높은 돋을새김으로 조성되어 풍만한 살결이 다른 인상을 준다. 이 마애불 앞에 공간은 어른 둘이 서 있기 빠듯할 정도로 좁고 가파른 산비탈이라 건물을 세울 수 없는 곳이다. 그 때문에 바위 면을 안으로 경사지게 하여 비에 젖지 않도록 슬기롭게 감실 형태로 만들어졌다. 사람의 실물 크기에도 미치지 못하는 이 작은 부처는 양쪽 뺨 가득히 자비에 넘치는 미소를 간직하고 다소곳이 앉아 있다.

전체적인 조각 수법이 거친데 특히 위쪽에서 아래로 내려오면서 더욱 조각이 거칠고 아래 부분이 생략되어 공중에 떠 있는 듯하다. 비록 신라 하대의 작품이지만 기울어지지 않은 신라예술의 혼을 보여 주고 있다. 이 불상은 보리사의 석불좌상보다 앞서 조성된 것으로 추정 된다.

부처님이 보는 방향으로 시선을 돌리면 발아래는 보이지 않고 하늘에 떠 있는 느낌이다. 앞으로 유유히 흘러가는 남천 저 너머로 넓은 배반 평야가 눈 아래 펼쳐진다. 멀리 선덕여왕이 잠들어 있는 도리천(忉利天)으로 불리던 낭산이 남북으로 길게 누워 있고, 목조 쌍탑이 솟아있었을 사천왕사, 망덕사, 황룡사도 모두 한 시야에 보인다. 옛 서라벌에는 17만 8,936호가 모두 기와집으로 줄지어 있었다는데, 이 불상은 비록 대불(大佛)은 아니나 지금도 서라벌을 내려다보며 중생을 계도하고 있는 것 같다.

천년의 세월이 지났지만, 불심(佛心)을 깨달은 중생(衆生)들은 항상 감사하고 겸손하며, 땅보다 더 낮게 낮게 고개와 허리를 굽히고, 하늘을 경외(敬畏)하면서 더 밝고 부지런히 살아가는 하심(下心)이 바로 농부의 마음(農心)이 아닌가 하는 환상(幻想)을 해본다.

어릴 때 메뚜기 잡던 그 시절은 가고, 지금은 반백이 넘은 머리카락 사이로 참 세월은 빠르게 흘러간다. 청명한 하늘에 오방색이 찬란한 단풍 아래서 막걸리 한잔에 고소한 메뚜기 안주 한 점으로 이 가을의 여유를 맘껏 즐기고 싶다.

경주지역 폐사지 중에서 가장 많은 석재가 남아있는 보문사지(普門寺址)

절[寺]따라 마을이름에 깃든 보문동

경주시 보문동, 그냥 보문이라 부른다, 그런 보문동은 경주시에서 보문관광단지로 가는 도로의 남쪽에 있는데 마을의 동쪽은 명활산성에서부터 서쪽으로는 선덕여왕릉이 있는 낭산 사이를 말한다. 그 사이로는 넓은 들판이 펼쳐져 있고 그 보문뜰의 중심에 보문사지가 자리하고 있다.

1916년, 조선총독부에서 실시한 고적조사에서 '普門寺' '普門'이라 새겨진 기와조각이 부근에서 출토되어 이 절터를 보문사지로 비정하였다고 한다.

그러면 '보문'이란 이름은 어디서 왔을까?

천태종의 근본경전인 '묘법연화경(妙法蓮華經, =법화경)'은 모두 28품으로 되어 있는데 그 중 25품인 '관세음보살보문품(觀世音菩薩普門品)'이 있다. 이는 갖가지 고뇌를 받는 중생이 관세음보살을 꾸준히 염송(念誦)하면 불교의 교리를 알고 모르고에 관계없이 관세음보살이 넓은문(어느때든, 어떤곳이든)으로 고난에 처한 중생 앞에 나타나 해탈케 해준다는 것이다. 보문사는 이런 현세의 염원에 근거를 두고 7·8세기 신라의 어느 시점에 '보문사'란 이름으로 불교에서 말하는 개산(開山)을 한 것이 아닐까.

중심 전각은 관음전이었을 수도 있겠다.

'보문사' 명 기와.
출처: 경주지역 폐사지 기초조사·연구(국가유산청)

이러한 연유를 들추어 가다 보면 '보문'이란 마을이름이 누구나 부처와 같이 깨달음을 이룰 수 있다는 가르침의 뜻과 함께 그 이름속에는 부처님과 범부(凡夫)사이를 연결해 주는 관세음보살의 대자대비의 마음이 깃들어 있다고 볼 수도 있다.

절따라 마을이름이 정해졌다. 필자만의 부질없는 생각일까?

사라져 간 절터의 진수를 간직하고 있는 보문사지(普門寺址)

보문동사지에는 금당터와 동·서 목탑지, 석조, 당간지주가 함께 남아 있으며 논둑 곳곳엔 석등의 지붕돌, 장대석, 목탑 받침돌 등 각종 석부재들이 드문드문 박혀있는 것을 심심치 않게 볼 수 있는데 폐사지의 진수를 알 수 있는 이 모두가 그 옛날 절의 모습과 크기를 가늠케 해준다.

여기 보문사지는 여느 절터와 다르게 금당터와 탑터가 주변지역보다 높게 조성되어 있다.

부처님을 모셨던 금당터[金堂址]는 농지로 사용되고 있는 주변의 땅보다는 대략 1m 이상 높은 곳에 자리하고 있으며 그곳에는 건물의 기단석과 초석이 남아있는 것을 볼 수 있는데 초석의 배치로 보아 7×5칸 건물로 확인된다고 한다.

보문사지의 금당터

특히 기단석에는 비뚤어지거나 뒤틀려 튕겨나가지 못하도록 함일까, 기단석끼리의 연결부위에 나비모양의 홈을 파 양쪽 홈에 맞게 다듬은 단단한 나무나 돌을 끼워 넣었을 둥근머리형나비장 자리가 선명하게 남아 있다.

그리고 금당터 남쪽으로 20m쯤 떨어져 주변보다 높은 토단(土壇)이 동서로 40여m의 거리를 두고 마주보고 있는데 동탑과 서탑의 목탑터라고 한다. 서탑터 중앙에는 화려한 연꽃무늬가 새겨진 직경 125㎝의 대형 초석이 남아있다.

금당터에서 서쪽으로150m정도 떨어진 곳에는 보물로 지정된 당간지주가 서 있다. 한쪽 기둥의 윗부분 일부가 부러져 나간 이 당간지주의 높이는 3.8m라 한다. 당간을 조정하기 위해 파놓은 당간지주의 구멍은 위, 중간, 아래 세 곳에 있는데 남쪽의 기둥은 구멍이 완전히 뚫려있으나 북쪽의 기둥은 기둥두께의 반쯤만

보문사지 당간지주

파놓은 구조로 여타 다른 당간지주와 비교되는 특이한 모양이다.

쏟아지는 햇빛, 불어오는 바람을 맞으면서도 장대한 기품으로 넓은 벌판에 외롭게 선 이 당간지주는 언젠가 이 절이 다시 일어서는 날 하나의 터전 속에 묶일 날들을 기다리고 있는지도 모르겠다.

보문사지 석조

금당 북쪽으로 석조 1기가 외롭게 자리하고 있는데 통일 신라시대때 만들어진 것으로 알려지고 있다. 보물로 지정되어 있는 이 석조는 큰 화강암의 돌 하나에 안쪽을 파내어 절에서 생활에 필요한 물을 담아 두는 돌 물통이다. 전체적으로 직육면체 모양인데 석조의 밑 부분에 물을 빼낼 수 있는 구멍인 출수구가 있는 것으로 보아 실제 사용한 것으로 보인다.

석조의 안쪽과 바깥쪽 어디에도 아무런 장식이 없어 소박한 모습을 하고 있는 이 석조는 위쪽 가장자리 일부가 떨어져 나갔고 몸통 중앙부분은 세로로 금이 가 있어 풍상우로에 버텨온 모습을 상상할 수 있다.

지금 제 기능을 잃어버리고 말없이 앉아있는 이 석조는 어릴 적 물동이로 우물물을 길어다 채워두고 사용한 부엌 쨤에 두었던 큰 물드무를 생각케 한다.

신라, 그 옛날 이곳 절을 찾았던 수많은 사람들에게 목마름과 먹을거리를 씻어 배고픔을 해결해 주었을 이 석조는 지금은 속을 비운 채 보문 들 너른 벌판에서 탐욕에 젖은 인간들에게 가르침을 주고 있어 보인다. 어느 시인의 말처럼 '사는 일 염주알 굴리듯 하여라'고.

이 절에 대한 연혁으로 볼 수 있는 남은 기록도 신라시대의 여느 절과 마찬가지로 빈약하여 세워진 시기 및 폐사지로 된 연유 등은 알 수 없는데, 다만 창건 시기는 신라 경문왕 11년(871년) 이전에 세워진 것으로 추정한다. 그 까닭은 경문왕 11년(871년) 8월 12일에 황룡사 9층목탑을 중수하면서 넣었던 '황룡사 찰주본기'[6]에 보문사 상좌승 은전(隱田)스님이 탑을 중수하는데 참여하였다는 기록이 있기 때문이다.

또한 경주국립박물관에 소장되어 있다는 '중화삼년(仲和三年)'이라 새겨진 사리기(舍利器)에는 883년(헌강왕9년) 보문사의 현여대덕(玄余大德)이 대석탑 중수 시 소탑(小塔)과 진언(眞言. 불교의 비밀 주문)을 써서 대탑에 봉안하였다는 단편적인 기록을 전하고 있을 뿐이다.

그러나 이 두 기록으로 추측해 보면, 9세기 후반즈음에는 보문사가 한창 번성하던 때였지 않았을까?

금당터 마당쯤에는 용도를 알 수 없는 2단으로 된 석재와 8각평면의 석등 옥개석이 가운데 구멍을 감싸고 부분적으로 깨진채 쓰러져 나뒹구는 것을 볼 수 있다.

이 외에도 사지로 추정되는 주변지역의 길가나 논둑에는 수십 개의 초석이나 지대석들이 흩어져 있다. 이들과 함께 금당지, 동·서탑지가 있는 곳과 보문사지 석조, 당간지주 등과 함께 주변의

6) 872년 황룡사9층목탑을 중수하면서 심초석 안에 봉안한 사리함내에 황룡사 9층목탑의 건립부터 중수에 이르는 과정을 상세히 새긴 기록.

전체 모습을 마음속으로 그려보면 그 당시 이 보문사의 화려하고 웅대했을 모습이 보문벌에 펼쳐 보인다.

삶의 바른길을 잡아주던 사찰은 사라졌다. 벼농사의 기계음이 보문들을 요란하게 적시고 있는 때를 피해 세상만사가 적막을 향하는 늦가을이나 겨울쯤, 석양 기우는 시간과 함께 사라진 보문사지의 나그네가 되어보고 싶다.

그때쯤 다시 찾아와 1000년전 금당 속 부처가 되어 멀리 남산을 바라보며 나를 되돌아보는 기회를 가져야겠다. 나의 인생은 짧았으나 그래도 소중한 시간들이 얼마나 있었을까.

겨울의 황량함, 쓸쓸한 폐사지와 함께 하는 감정은 어떤 것들일까.

같은 절[寺]의 당간지주일까, 다른 절의당간지주일까? -연꽃무늬 경주보문사지연화문(蓮華文)당간지주

보문사지의 북쪽으로 몇 백m정도 떨어진 곳에 아주 아름다운 당간지주가 있으니 바로 '경주보문사지연화문당간지주'이다. 이 연화문 당간지주는 위치상의 문제로 보문사의 사역(寺域)에 있는 두 개의 당간지주 중 하나인지 아니면 다른 사역의 당간지주인지 보는 사람의 입장에 따라 다르다. 부근에 석탑부재가 있었다는 것으로 보아 다른 절의 당간지주로 보는 견해도 있다.

지금은 비록 모를 낸 논이라고 하지만 석탑부재는 찾아볼 수가 없다. 당간지주 부근 일대가 논으로 경작된지가 오래되어 더 이상 새로운 사실을 알기가 거의 불가능할 것으로 보인다.

경주보문사지연화문당간지주

보물로 지정되어 있는 이 당간지주의 바깥쪽 윗면에는 사각형의 틀속에 지름 47㎝ 크기의 8장 연꽃잎을 돌려 새겨 놓고 중앙에 있는 씨방속에는 17개의 연밥을 돋을새김한 아주 특이한 것이다. 통일신라시대에 만들어진 당간지주 중 이처럼 연꽃무늬를 새겨 장식해 놓은 것은 이 당간지주를 제외하고는 거의 찾을 수 없다고 한다.

제작시기를 8세기 중반 이후로 보는 이 당간지주는 높이가 그다지 높지 않은 150㎝ 정도이며 두 개의 기둥은 동서로 62㎝ 정도의 간격을 두고 마주 보고 서 있다. 꼭대기의 안쪽에는 당간을 고정시키기 위한 너비 13㎝의 홈을 파 둔 것이 보인다.

여기 당간지주에 핀 연꽃은 주위에 피고 지는 토끼풀, 민들레꽃 등 갖가지 꽃들과 또 멀리 보이는 낭산의 소나무, 진평왕릉의 팽나무와 함께 오랜 세월을 서라벌의 부침과 함께 하고 있는 것이다.

보문사지는 아쉽게도 전체적인 발굴이 시작되기 전부터 논밭으로 바뀌어 지는 바람에 원래의 절의 규모나 가람의 배치 등을 정확히 알 수가 없다. 그러나 이나마 남아있는 여러 흔적들을 바탕으로 더듬어 볼 수 있어 다행이라는 생각이다.

일연스님은 삼국유사에서 경주에 대해 다음과 같이 말했다.

> "寺寺星長 塔塔雁行"
> (절과 절은 밤하늘의 별처럼 늘어섰고, 탑과 탑은 기러기 떼처럼 줄지어 섰다)

신라가 망하고 1,000년이 지났다. 그렇다. 그 천년이 흐르는 동안 경주에는 수많은 절들이 무너졌다. 무너져 내리고 뿔뿔이 흩어져 있는 그 많은 폐사지의 모든 것들이 제자리를 찾아 원래의 혼이 숨쉬는 날. 그래, 그 날이 오면 경주는 아니 우리나라는 그 옛날의 영화로움을 다시 누릴 수 있으리라.

> "이미 기운 시간 앞에 잠들지 못하는 그리움"

어느 시인의 싯구가 문득 떠 오른다.

신라 호국사찰 사천왕사지(四天王寺址)

경주 사천왕사지(15,724㎡) : 경주시 배반동 935 ~ 2 (국가유산청)

사천왕사지는 경주 낭산(狼山) 남쪽 기슭에 있는 신라의 절터로 선덕여왕릉 아래 신문왕릉 옆에 있다.

낭산은 신유림(神遊林)이라 하여 신라인들이 신성하게 여기던 산으로, 『삼국유사』에 의하면 선덕여왕이 도리천(忉利天)에 묻어달라 유언했는데 그곳은 낭산 남쪽이라 하였다. 여왕이 죽은 지 30년 후

왕릉 아래에 사천왕사를 짓게 되니, 사람들은 여왕의 예언이 맞았음을 알게 되었다고 한다.

신라가 삼국을 통일한 후 가장 먼저 지은 사천왕사는 전형적인 쌍탑식 가람 배치로 신라 호국불교의 성격과 신라인들의 불교관·우주관을 잘 보여주는 절이며, 명랑 · 양지 스님과 경덕왕 때 향가인 '도솔가' · '제망매가'를 지은 고승 월명스님이 머물렀던 곳으로도 유명하다.

『삼국유사』에 의하면 신라 문무왕 10년(670)에 당나라가 50만 대군을 일으켜 신라를 공격하려 하였다. 이에 문무왕이 명랑법사(明朗法師)에게 적을 막을 계책을 구하자, 낭산 신유림(神遊林)에 사천왕사를 짓고 부처의 힘을 빌리라고 하였다.

그러나 절이 완성되기 전에 당(唐)이 침략하니 명랑법사는 채색 비단과 풀로 절의 모습을 갖춘 뒤 명승(名僧) 12인과 함께 밀교의 비법인 '문두루비법'(文豆婁祕法 : 불단을 설치하고 다라니 등을 독송하는 비법)을 썼다. 그러자 전투가 시작되기도 전에 풍랑이 크게 일어 당나라 배가 모두 가라앉았다.

또 이듬해인 671년에 당나라가 조헌(趙憲)을 장수로 삼아 5만 명을 동원해 신라를 공격해 왔다. 이때에도 문두루비법을 사용했더니 당나라의 배가 모두 침몰했다고 한다.

그 후 문무왕 19년(679)에 절을 완성하고 사천왕사라 하였다. 신라의 호국사찰(護國寺刹)인 사천왕사는 신라 중대 왕실의 관사(官寺)이자 성전사원(成典寺院 : 왕실 사원의 관리와 운영을 담당하던 조직인 성전이 설치된 사원)으로서 승정(僧正:승단을 이끌어 가면서 승려의 행동을 바로잡는 승직), 봉사(奉祀 : 제사를 지냄), 사원들에 대한 경제적 관리 등을 수행한 것으로 추정된다.

이후 『高麗史』에 문두루도량을 사천왕사에 설치하고 27일에 걸쳐 오랑캐의 침입을 방지하도록 하였다는 기록이 있으며, 조선 『太祖實錄』에는 사신을 사천왕사에 보내어 사천왕 도량을 베풀었다 하고, 『太宗實錄』에 자복사(資福寺 : 고을의 복을 빌던 절)로 사천왕사를 언급하고 있을 정도로 사천왕사는 조선초까지 기능을 유지하고 있었다.

그러나 15세기 후반에 사천왕사는 폐사되었으며 절터에 민가가 들어서고 주변에 경작지와 분묘가 생기면서 훼손되었다.

그러나 절터의 중심에는 사찰과 관련된 건물과 여러 가지 흔적들이 남아있고, 사천왕사명(四天王寺銘) 기와와 화려한 장식의 전돌이 발견되어 일찍부터 주목을 받았다.

이후 철로개설에 따른 몇 차례 부분적인 발굴조사를 실시하였으며 중요 유물(유구)의 측량 및 실측조사가 이루어졌다. 그후 「방치된 신라 옛 사찰 조사 사업」의 일환으로 국립경주문화유산연구소에서 2006년부터 2012년까지 7년간의 발굴조사로 의미있는 유물을 발굴하고 사천왕사의 배치를 밝혀내었다.

동 · 서목탑지, 금당지, 금당 북편 동 · 서건물지, 강당지 등이 노출되었고, 이 건물을 둘러싸는 남 · 동 · 서회랑의 유구가 확인되었다.

주목되는 것은 발굴조사 과정에서 익랑(翼廊 : 회랑 사이 또는 대문 좌우 양편에 이어서 지은 행랑)의 존재와 금당의 증축 사실이 새롭게 밝혀진 것이다. 이와 함께 동 · 서목탑지 기단 면에서 사천왕사의 탑에 사천왕상이 아닌 녹유신장벽전(綠釉神將壁塼)이 출토되어 학계에서 여러차례 논의되었던 녹유벽전의 위치와 배치

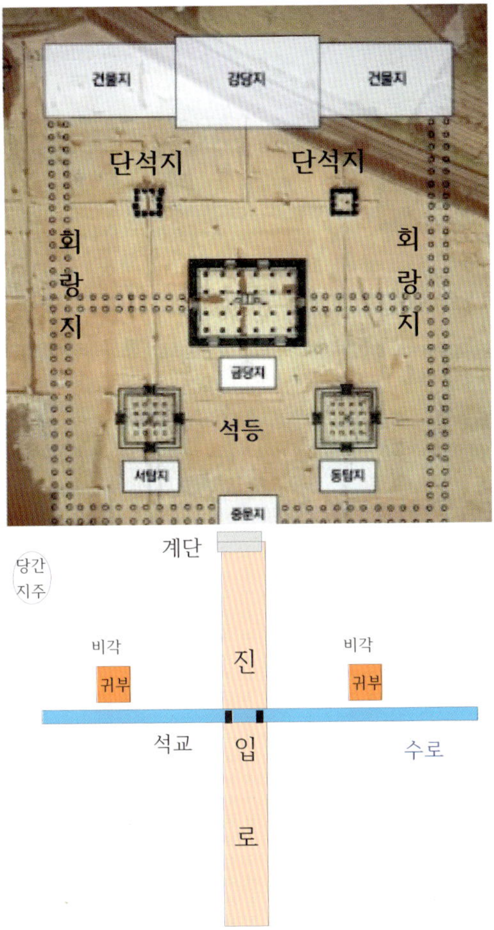

사천왕사 가람배치도(수로 남쪽 진입로 추정)

문제를 해결하는 계기가 되었다.

사천왕사는 낭산 남쪽 구릉 사역(寺域) 중심부를 깎아서 낮은 외곽의 계곡부에 채워서 7,216㎡(약2,200평) 평탄한 대지를 만들어 낭산 정상(頂上)에 사역의 중심축을 맞추어 건물을 배치하였다.

금당은 창건 당시 228㎡(약70평)에서 후일 증축되어 305㎡(약

사천왕사 녹유신장벽전 (국립경주박물관)

90평)으로 확장한 것으로 확인되어 사천왕사의 기능이 증대된 것으로 추정된다.

금당의 중심부에는 방형(方形)의 대석이 놓여 있으며, 그 양옆에는 원형대석(圓形臺石)과 이형대석(異形臺石)이 놓여 있다. 방형대석은 본존불의 지대석(地台石), 양쪽의 것은 협시불의 지대석으로 추정된다. 지대석 전방 좌우에는 지름 20㎝ 내외의 기둥 구멍이 있는 유공초석이 확인되었다.

복원된 사천왕사 서탑기단

금당지 앞에는 사방 3칸의 동탑과 서탑이 있었던 것으로 확인되었다. 이 탑은 목탑으로 최초의 쌍탑이다. 동 · 서 목탑은 모두 정면 3칸 측면 3칸의 정방형 건물이며 층수나 높이를 가늠할 수는 없고, 기단(基壇) 옆면을 석재가 아닌 3종의 녹유신장벽전을 당초문전(唐草紋塼) 사이 탑 하나의 기단 동서남북에 모두 24점(3×8)이 배치되어 있고 기단에는 16개 초석과 중심 심초석이 있다.

문두루비법을 시행한 곳으로 추정되는 금당 뒤에 있는 동·서 단석지(壇席址), 정면 3칸 측면 3칸의 같은 크기의 작은 정방형 건물이 있던 곳이다.

강당지와 동·서 건물지는 철로로 인해 대부분 훼손되었는데 강당은 정면 7칸 측면 3칸(동서 약 29,4m), 강당 동·서편 건물지는 정면7칸 측면 3칸(동서 약 21,6m)이다.

국도 7호선이 지나가는 사역의 남쪽에서 절로 들어가는 상상을 해본다. 낭산을 바라보면서 사천왕사를 남쪽 산문을 들어서 흙을 구워 만든 전(塼)이 깔린 길을 따라가면, 폭 60㎝ 깊이 50㎝ 작은 수로에 놓인 작은 돌다리를 건넌다. 이

석교는 평교[平橋, 일명 보다리, 널다리]의 형식으로 귀틀석, 청판석, 엄지기둥으로 구성되어 있는데 다리 바닥을 형성하는 청판석은 3개로 구성되어 있다. 가운데 부분은 약간의 아치를

사천왕사 석교(국립경주문화유산연구소)

석교 서(왼쪽), 동(오른쪽) 비각지와 귀부 / 국립경주문화유산연구소

이루며 만들어져 있으나, 양단은 편평한 모습으로 소형이다.

동쪽 석교 북쪽으로는 약 30여cm 크기의 보상화문전과 무문전이 일부 깔렸음이 확인되어 원래 보도였을 것으로 짐작된다. 이 배수로 위의 작은 돌다리를 건너 중문으로 출입하였을 것이다. 돌다리는 오고 가는 사람들이 구분되도록 3.6m 간격으로 두 개가 있다. 번뇌를 벗어나 부처님을 뵐 수 있다는 성(聖)과 속(俗)을 구분하는 해탈교(解脫橋)일 것으로 생각한다.

돌다리를 건너면 좌우로 비각이 있고 비각(碑閣) 안에는 귀부위에 비석이 서 있는데, 귀부는 사실적인 표현수법과 등에 새겨진 아름다운 조각으로 신라시대의 뛰어난 작품임을 보여주고 있는데 동쪽 귀부는 절의 사적비(事績碑) 받침으로 추정되며, 서쪽 귀부는 문무왕비(文武王碑)의 받침돌로 추정하고 있다.

다시 고운 전돌이 깔린 비탈길을 약 40m 올라가면 절의 중문(中門)을 지난다. 중문을 들어서면 정면에 커다란 법당이 있고 법당 앞에는 부처님의 불법을 밝히는 석등(石燈)이 있고 좌우에 커다란 목탑이 서 있었다. 지금은 석등도 없어지고 석등의 지대석만 남아 있는데, 석등 좌우로 기단에 양지스님이 만든 녹유신장상 벽전(綠釉神將像 壁塼 ; 흙을 빚어 녹색 유약을 칠해서 구운 벽돌)이 신장상 탑의 기단 4면에 24점이 부착된 목탑이 있었다.

사천왕사지 서(왼쪽), 동(오른쪽) 귀부

사천왕사를 횡단하는 철길이 2021년 12월 폐선됨에 따라 도리천인 낭산과 절터가 연결되었고 건물지를 복원하였는데, 특히 탑의 기단 4면에 24점의, 양지스님이 만든 녹유신장상 벽전(綠釉神將像 壁塼 ; 흙을 빚어 녹색 유약을 칠해서 구운 벽돌)을 재현하여 설치한 서탑의 기단을 복원 하였다.

현재 사천왕사지 입구에 있는 당간지주는 원래 부근 민가 옆에 있던 것을 1928년 현재의 자리로 옮겨 세웠다.

사천왕사 당간지주

기단과 간대석은 보이지 않고 지주만 남아 있다. 지주의 높이는 2.3m 정도이며 너비는 50㎝이다. 당간을 고정시키기 위한 간공이 지주 아래위와 중앙의 3곳에 뚫려 있는데, 아래위 구멍은 네모나고 가운데 구멍만 둥글다.

사천왕사에 사천왕상이 없는 것이 뜻밖이지만, 사천왕상이 등장하는 것은 9세기 이후 므로로, 사천왕사는 그 전에 지은 사찰이기 때문에 그렇다고 보는 견해도 있다.

이제 강당 북쪽의 철길이 걷혔기 때문에 이곳에 대한 발굴 조사가 필요하고 단석지에 추정되는 금당북편 동·서 건물지의 성격과 용도, 양지스님의 작품으로 전하는 녹유신장벽전의 도상문제 등에 대한 향후의 지속적 관심과 연구가 필요하다.

신승(神僧), 양지(良志) 스님의 석장사지(錫杖寺址)

석장사지 전경 ; 경주시 석장동 산 81~2

동국대학교 경주[와이즈]캠퍼스 서쪽 약 500m ; 석장마을 북서쪽 절터골 해발 약 95m 남쪽 경사면에 석장사지가 있다.

석장사는 신라시대 승려인 '양지스님'이 주석(主席)한 곳으로 알려진 절이다. 『삼국유사』에 선덕여왕(632-646) 때, '양지스님이 지팡이[錫杖 : 석장] 끝에 포대(布袋 : 자루)를 걸어 두면 지팡이가 저절로 날아다니며 시주를 받아 왔다' 해서 절 이름을 '석장사(錫杖寺)'라 했다고 한다.

양지스님과 석장사에 대한 『삼국유사』의 기록이 전하고 있으나 스님의 예술세계는 물론 절터에 대한 확실한 단서를 찾지 못하였는데, 동국대학교 경주캠퍼스 박물관의 2차(1986년, 1992년)에 걸친 발굴조사로 절의 위치와 규모를 확인하고 많은 유물을 수습하였다.

발굴조사 개토제 장면

발굴 모습

특히 석장(錫杖) 명문(銘文) 자기(瓷器) 파편을 발굴하여 이곳이 석장사터임을 확인하였고, 양지스님이 만든 것으로 보이는 전(塼 : 흙벽돌)과 기와 등을 수습하여 석장사에 대한 의문을 풀 수 있게 되었다.

그 결과 석장사의 규모와 영역이 신라-고려-조선시대로 감에 따라 점차 북쪽으로 확장된 것과 고려 이후 건물의 크기와 배치를 알아내었으나, 당시에 탑과 건물을 이동시켜 처음의 위치가 교란되어 신라 때 건물지를 확인하지는 못했다.

석장사지에서는 11종 약 323점의 벽돌〔塼〕 파편이 출토 되었는데, 그중 탑과 불상이 새겨진 탑상문전(塔像紋塼) 282점이 출토되어, 석장사에 전탑(벽돌탑)이 있었음을 알게 되었고, 양지스님이 석장사에 3천불(三千佛)을 조성하였다는 『삼국유사』의 내용을 확인하였다.

양지스님의 작품으로 추정되는 소조(塑造) 보살상과 신장(神將像)상, 금동불상 5점, 불교미술 작품이 새겨져 있는 조소(彫塑) 파편 20점, 금강역사상 5점이 발굴되었으며, 특히 연기법송(緣起法頌 : 석가모니가 깨달은 인과응보 진리를 간략하게 표현한 게송)을 인불(印佛 : 도장을 찍는 형태로 만드는 기법)한 연기법송명탑상문전(緣起法頌銘塔像紋塼)이 8점 출토되었다.

석장사지 탑상문전(좌), 연기법송명탑상문전(우) (동국대)

인도에서 시작되어 중국을 통해 전래 된 연기법송을 신라인들이 자신들의 다라니(陀羅尼) 신앙과 연관하여 탑에 활용한 사례는 석장사지가 대표적인데, 이것은 석장사 창건 당시 당(唐)나라의 고승 의정(義靜)이 인도를 여행하고 쓴 기행문인 『남해기귀내법전(南海奇歸內法典)』과 관련이 있는 것으로 보고 있다.

『남해기귀내법전』은 당시 불교의 제반 상황과 승원(僧院)에서의 생활 등을 아는 데에 중요한 자료가 되고 있다. 또한 인도 및 동남아시아 여러 곳의 풍토·관습·민속 등의 실정을 전해 주고 있기 때문에 그의 다른 저서 『대당서역구법고승전(大唐西域求法高僧傳)』과 함께 당시 남해사(南海史)의 자료로서도 중요한 가치가 있다.

『삼국유사』에 '양지스님의 조상과 고향은 자세히 알 수 없다.' 하여, 스님의 신분에 대하여 여러 가지 추측과 주장이 있다. 현존하는 유물로 보아 한국 전불(塼佛)은 양지스님이 선도하였고, 작품의 형태, 도상(圖像), 화면구성, 기능과 용도 등에서 인도, 중국, 동남아 등과 크게 달라, 양지스님이 신라인 임이 확실하다고 보고 있다. 이것으로 석장사 건립 시기(8C초)와 신라인들의 불교문화 수용과 활용의 독창성을 알 수 있게 되었다.

사천왕사에서 출토된 녹유사천왕상전(綠釉四天王像塼)은

국내 유일 석가모니 고행상(동국대)

스님께서 남긴 최고의 걸작품이라 할만하다. 양지스님이 영묘사의 장육삼존상과 천왕상, 전탑의 기와와 법림사라는 절의 현판도 썼다는 기록으로 보아 조각은 물론 그림과 글씨에도 능통하였던 것 같다.

양지스님이 영묘사의 장육존상(丈六尊像)을 만들 때 온 나라 사람들이 앞다투어 진흙을 나르며 불렀다고 하는 다음과 같은 노래[風謠 : 풍요]는, 일연스님이 『삼국유사』를 편찬할 당시(1285년경)에도 시골 사람들이 방아를 찧거나 일을 할 때 즐겨 이 노래를 불렀다고 한다.

온다 온다 온다 (來如來如來如)
온다 서러운 이 많아라 (來如哀反多羅)
서러운 중생들이여 (哀反多矣徒良)
공덕 닦으러 온다 (功德修叱如良來如)

석장사에서 가까운 현곡면 금장리 와요지(瓦窯址)는 국가에서 운영하는 기와 생산지로 양지스님이 창안한 새로운 양식의 기와를 왕경에 공급한 중요한 공급처였다. 석장사지에서 출토된 기와는 이곳에서 만든 것으로 확인되었다. 여기서 생산된 기와는 통일신라 시대 왕경에 공급하였으니, 양지스님은 이곳에서 고운 흙을 빚어 전(塼)과 기와에 무늬를 찍어[印佛 : 인불] 만들기도 하고, 틀에 찍어 [脫佛 : 탈불] 만드는 등 다양한 기법으로 만들고 가마에 굽는 제작

활동을 한 것이다.

석장사지 일대에 내린 빗물은 작은 개울을 이루어 아래 석장마을에 있는 동국대학교 와이즈캠퍼스를 지나 금장대(金丈臺) 아래로 흐른다. 캠퍼스 본관 동쪽 비탈에는 신라 때 혜통(惠通) 스님이 주석한 왕망사(王望寺)가 있었고, 형산강변의 금장대에는 신라 때 금장사(金莊寺)라는 절이 있었다.

이것으로 볼 때, 석장(錫杖)→금장(金莊)→금장(金丈)으로 지명이 변화한 것이니. 석장에서 가차(假借 : 빌려 씀)하여 역(易), 목(木)을 떼어내어 금장(金丈)으로 지명(地名)을 만든 것으로 짐작된다.

석장사지 일대 와요지와 절터(동국대)

석장사지의 작은 샘

왕망사지(동국대 본관 동쪽)

임진왜란 때 없어진 것으로 추정되는 석장사는 규모나 성격 면에서 경주 도성 북서쪽 외곽에 위치하는 작은 사찰에 불과하지만, 출토 유물을 보면 7세기 후반 신라 최고의 예술가 양지가 주도하는 새로운 불교미술의 요람이었음을 알 수 있다.

이들 절의 존재는 조선시대 경주 출신 李彦迪(이언적)의 다음과 같은 金莊寺踏青 (금장사답청) 詩로 확인되기도 한다.

川原遠近綠初匂 (천원원근록초내)
가깝고 먼 들판에 파릇파릇 풀이 돋자
滿眼依然古國春 (만면의연고국춘)
보이는 풍경이 마치 옛 신라의 봄날인 듯
玉笛聲中千古恨(옥적성중천고한)
옥피리 소리 속에 천고의 한 서렸으니
莫教吹向踏青人(막교취향답청인)
답청하는 사람 향해 불게 하지 말아라

임신서기석
(국립경주박물관)

석장사 · 왕망사 · 금장사 등 신라시대에 3개의 사찰이 있던 석장동에, 1978년 10월 7일 대한불교조계종에서 동국대학교 경주캠퍼스를 설립한 것은 우연이 아니라는 생각이 든다.

금장사가 있었던 금장대

아울러, 신라 때 두 화랑이 학문에 전념하고 국가에 충성할 것을 맹세한 내용이 새겨진 임신서기석(壬申誓記石)이 발견된 석장동이 오늘날 많은 대학생들이 생활하는 대학촌이 된 것 또한 우연한 일이 아니다.

최치원의 비(碑)가 있는 숭복사지(崇福寺址)

곡사(鵠寺)라는 이름으로 창건되었다.

숭복사지(崇福寺址) 경상북도 경주시 외동읍 말방리 68-9번지 일원에 있는 절터로 이 절터가 있는 곳이 마을 이름이 말방리였기 때문에 최치원의 숭복사 비문이 발견되기 전까지는 말방리사지(末方里寺址)라고 불렀으며 당시 주변에는 석탑의 탑재들이 쌓여 있었고 귀부와 비편, 건물의 초석 등이 산재하였다. 이 절터의 북쪽에는 불국사가 있다. 말방리는 동쪽으로 병풍처럼 둘러싸인 토함산의 남쪽 능선 말단부에 위치하고 있는 전형적인 산촌 마을이다. 비교적 고도가 낮은 지대에 위치하고 있으며, 평탄한 지형으로 이루어져 있다. 동쪽에서 서쪽으로 갈수록 고도가 낮아지는 지형이며, 서쪽으로 계곡이 흐르고 북쪽에도 가파른 계곡이 있다.

숭복사지 동서 양탑

말방 마을은 숭복사터 어귀가 되어 조선시대에 마방(馬房)이 있었으므로 마방이라 불리다 후에 말방이라 개칭되었다 한다.

숭복사(崇福寺)는 원래 곡사(鵠寺)라는 명칭으로 창건되었다. 1931년 숭복사 비편이 발견되면서 통일신라시대의 숭복사이며 곡사임이 밝혀졌다. 곡사는 현재 숭복사지 위치로 이전되었다고 한다. 곡사의 원위치로 알려져 있는 원성 왕릉은 북서쪽으로 약 1.9㎞ 떨어진 곳에 있다.

『삼국유사』와 숭복사 비문에 의하면 신라 선덕왕 이전에 파진찬(波珍飡) 김원량(金元良)이 창건하여 곡사(鵠寺)라 했는데, 경문왕(861~874 재위) 때에 원성왕의 명복을 빌기 위해 원찰(願刹)이 되면서 크게 확장되었다고 한다. 헌강왕때 절 이름을 대숭복사(大崇福寺)로 바꾸었으며 불전에 비로자나불상을 주불로 모셨다고 한다. 그 뒤의 역사는 기록으로 전해지지 않는다. 숭복사가 언제 폐사되었는지는 알 수 없으나 고려시대까지는 운영되었던 것으로 보인다.

마음이 울적하거나 세상살이에 지치거든 폐사지로 떠나라 했던가? 아무것도 없는 곳에 대체 뭐 하러 가느냐고 할 수 있지만 폐허가 된 절터는 오히려 더 많은 생각을 하게끔 한다.

폐사지로 떠나는 답사 여행은 단순히 무너진 옛 절터를 둘러보는 것이 아니다. 비어 있음으로 말미암아 사라진 것들을 떠올리며 시간을 거슬러 당시의 사상과 문화 또는 민초들의 꿈을 퍼즐 조각 맞추듯 상상해 보는 것이다. 절터의 흔적을 들여다보면서 머릿속 상상의 나래를 펴다 보면 왠지 모를 쓸쓸함을 뒤로하고 헛헛한 마음을 채울 수 있다. 오늘도 숭복사지가 텅 빈 충만의 울림으로 나에게 다가온다.

최치원(崔致遠)의 숭복사비(崇福寺碑)

2000년대 들어 경주시는 숭복사비 복원을 위한 발굴조사를 2차에 걸쳐 시굴조사 하였다. 조사 당시 숭복사지 동·서 쌍탑은 모두 붕괴된 상태였다. 일부 남아있는 동·서 탑의 석탑 재는 형식 및 치수가 거의 비슷하며, 이를 통해 쌍탑의 복원도가 작성되었다. 금당지로 알려진 건물지와 쌍탑 주변은 보호책이 둘려 있고, 잔디를 심었다. 탑의 상륜부 일부는 없어지고 흩어진 탑을 복원하였는데 현재 동탑의 높이는 약 4.3m이고 서탑의 높이는 약 3.2m이다. 크기와 모양이 거의 같은 두 탑은 2층으로 된 기단 위에 몸돌을 놓고 지붕돌을 올려놓았다. 동탑은 2층 몸돌이, 서탑은 2층과 3층 몸돌, 3층 지붕돌이 없어지고 두 탑 모두 윗부분인 상륜부(相輪部)는 없다. 1층 기단에는 우주와 2개의 탱주로 조각하였고 2층 기단에도 우주와 1개의 탱주로 조각하였다. 2층 기단에는 각 면이 탱주로 인해 2개 구역으로 구획되어 4면에 8개의 구획이 있으며, 4개면 구획 안에 통일 신라 시대 석탑에서 흔히 볼 수 있는 양식으로 팔부신중상(八部神衆象)을 각각 2구씩 조각하였는데 비교적 윤곽이 선명한 이 석상은 좌상으로 통일신라 시대의 우수한 조각 솜씨를 보여준다. 그리고 동탑과

좌측은 '아수라', 우측은 '건달바'

서탑의 간격은 약 10m쯤 떨어져 있다.

그리고 또 동쪽으로 숭복사 복원비(崇福寺復原碑)가 서 있다. 숭복사비(崇福寺碑)는 숭복사터 금당 터에서 동남쪽으로 10여m 쯤 떨어진 곳에 세워져 있었던 것으로 알려져 있다. 이 비석을 세웠던 쌍귀부는 원래 자리를 떠나 1929년 3월에는 귀부가 조선총독부 박물관 경주분관으로 이전되었고, 현재 국립경주박물관 정문으로 들어서면 전시실 앞뜰에 놓여 있다. 숭복사비 귀부는 다른 귀부와는 달리 쌍귀부 형태로 되어 있는데 이 처럼 쌍귀부 형태를 한 비석 받침은 숭복사터 외에도 경주 인근 여러 절터에서도 볼 수가 있다. 숭복사지 귀부의 머리가 가장 온전히 남아있다. 그리고 세월을 그대로 반영하듯 검은색으로 변하였는데 그 윤곽은 아직도 또렷하고 선명해서 최근에 제작한 것 같은 착각을 할 정도

숭복사지 쌍귀부 비석받침

이다. 하나의 바탕 돌 위에 두 마리의 거북을 만들어 올렸는데, 두 마리의 거북 등을 연결하여 비석이 놓일 자리를 만들었다. 거북의 머리모양은 쌍둥이처럼 닮았고, 얼굴 양옆으로는 수염이 귀 쪽까지 두텁고 길게 나 있으며, 형태는 용의 머리와 구분이 되지 않는데, 앞을 응시하면서 서로를 향해 약간씩 머리를 기울이고 있다.

가람배치는 3단의 석축을 쌓아 맨 위에 법당과 탑을 배치하고 북쪽으로 50m 떨어진 곳에 강당을 배치하였던 것으로 추정된다. 통일신라시대의 전형적인 쌍탑식 가람으로 금당 앞에 2개의 탑이

있다. 대지를 3단의 석축으로 구분하여 맨 윗 단에는 당탑(堂塔)이 자리 잡고 있다. 금당은 앞면 5칸, 옆면 3칸의 건물로 2중 기단 위에 있었으며, 금당의 북쪽으로 40m 떨어진 곳에 동서로 긴 기단석이 발견되었는데 이것은 강당지로 추정된다. 이러한 금당지와 석단의 규모는 불국사와 매우 비슷하다. 이곳에서 발견된 국사대웅(國寺大雄)과 개와대웅(蓋瓦大雄) 등의 문자가 새겨진 명문기와를 비롯하여 쌍두귀부, 금동제 금구(金口)와 비석의 조각 등은 경주박물관에 보관되어 있다. 현재 절터에는 동서로 2개의 탑이 남아 있다.

이 절터가 가지는 가장 중요한 의미는 최치원(崔致遠)의 사산비(四山碑) 가운데 하나인 숭복사비(崇福寺碑)가 있었기 때문이다. 최치원의 사산비(四山碑)로는 숭복사비를 포함하여 보령 성주사터, 문경 봉암사, 화개 쌍계사의 비석들을 말하는데, 다른 비들은 지금도 건재하지만 신라의 중심지 경주에 있었던 숭복사의 비석만은 절과 함께 사라져버렸다. 다행히 해방 전인 1930년대부터 1978년까지 현지 지표조사로 최치원이 쓴 숭복사비의 파괴된 비편이 모두 13개가 수습되었고, 이를 통해 99자가 해독됨으로써 이 절의 역사도 밝혀지게 되었다. 숭복사비는 신라 사산비명(四山碑名) 중의 하나인 유당신라국초월산대숭복사비명(有唐新羅國初月山大崇福寺碑名)을 말한다.

이 숭복사 비문은 헌강왕이 최치원에게 명하여 짓도록 하였으나, 헌강왕과 정강왕이 잇달아 죽음을 맞이하는 바람에 왕명을 받은 지 한참 뒤인 진성여왕 때 완성하였다. 비문의 내용은 「원성왕(元聖王)의 능을 조영하면서 원성 왕릉을 풍수상 길지이던 곡사(鵠寺)자리에 쓸려고 하자 절 자리를 뺏는 것은 좋지 못하다는 반대도 있었으나 절은 자리하는 그곳마다 교화되고 어디를 가도 재앙의 터를 복된 땅으로 만들 수 있으므로 곡사 터에 왕릉을 만들어야 한다는 주장에 밀려서 곡사는 지금의 숭복사터로 옮겨지게 되었다고 한다. 이에 따라 절은 원래의 터를 비워주고, 현 숭복사지로 옮겨 개창하였다. 그러나 그 후 70여 년간 절은 큰 형세를 이루지 못했다가, 경문왕이 즉위하여 중수하기 시작하여 헌강왕 11년에 절 이름도 숭복사로 바꾸었다」라고 기록되어 있다. 그리고 경문왕과 그의 자녀들인 헌강왕, 정강왕, 진성왕으로 이어지는 2代 4王의 공덕을 기리는 내용이 많이 담겨져 있다. 숭복사비는 최치원의 사산비명이 대체로 선사들의 탑비인 것과는 달리 왕실에서 세운 절에 대한 기록이어서 왕실과 중앙 귀족들의 불교신앙을 파악할 수 있는 자료가 된다. 숭복사지 비석은 현재 다수의 비편이 수습되어 보존되어 있고, 비문이 필사본으로 전해져 오고 있다. 한편 경주시는 필사본으로 전해오던 비문을 2010년부터 2013년까지 교감(校勘)하고 행렬을 맞추어 최치원이 짓고 쓴 하동 쌍계사 진감국사탑비(眞鑑禪師塔碑)의 글씨를 이용, 비문을 집자(集字)하여 비신에 새겼으며 국립경주박물관에 옮겨져 있던 귀부를 복제하고, 없어진 이수(螭首)를 고증하여 이 비석을 2014년 2월 복원하여 숭복사지에 세웠다. 비석 전체의 높이는 381㎝이고, 비신의 높이는 204㎝이다. 두께는 33㎝, 폭은 100㎝로 제작 되었다.

현재 복원된 숭복사비(崇福寺碑)와 쌍귀부

선도산(仙桃山)이 품은 신선사(神仙寺)

서연산(西鳶山)의 성모(聖母)

진평왕 때, 지금의 경상북도 영주시에 있었던 절 안흥사(安興寺)의 여승 지혜(智惠)가 불전(佛殿)을 수리하려 하였으나 힘이 모자랐다. 그러던 어느 날 꿈에 선도산의 성모가 나타나 불전 수리를 기특한 일이라고 하면서 "내 자리 밑에서 금 열 근을 꺼내 쓰라."고 하였다. 다음 날 지혜가 무리를 데리고 신사(神祠)의 자리 밑을 파 보니 황금 160냥이 나왔다. 이로써 불전 수리는 무사히 마칠 수 있었다.

그런데 선도산 신모는 본래 중국 제실(帝室)의 딸로 이름을 사소(娑蘇)라고 하였는데, 일찍이 신선술(神仙術)을 배워 신라에 건너와 살고 있었다. 너무 오랫동안 돌아가지 않았으므로 아버지인 황제가 소리개의 발에 서신을 매어 보내었다. 그녀가 서신을 받아보니 "이 소리개가 머무는 곳을 따라가 집을 지어라." 라고 씌어 있었다.

편지에 적힌 대로 소리개를 놓아 보냈더니 선도산(仙桃山)으로 날아가 앉았으므로 사소는 거기에 가서 살며 마침내 지선(地仙)이 되었다는데, 이 분이 선도산 성모이다.

이런 까닭으로 산 이름을 서연산(西鳶山)이라 부르게 되었다.

신모(神母)는 오랫동안 이 산에 웅거하여 나라를 지켜 왔는데 신명스럽고 이상한 일들이 자주 일어났다. 그러므로 나라가 세워진 후에도 신라에서는 해마다 성모를 위해 제사를 지냈는데 신라 3대 제사의 하나로서 온 백성들이 성심을 다해 받들었으며 여러 망제(望祭)[7]의 위에 두었다.

제54대 경명왕(景明王)은 매를 가지고 사냥하기를 좋아했다. 어느 날 선도산에서 사냥을 하던 중, 그만 매를 잃어 버렸다. 가장 소중히 여기는 매를 잃은 왕은 신모에게 기도를 올리면서 약속을 했다.

"만약 매를 찾게 해 주신다면 작위(爵位)로서 보답하겠습니다."

기도를 마치고 나서 오래지 않았을 때, 잃어버렸던 매가 날아 와 걸상 위에 앉았다. 왕은 대단히 기뻐하여 기도 때의 약속에 따라 신모를 대왕(大王)으로 봉했다.

또 이런 이야기도 있다. 신모가 처음 진한(辰韓)에 와서 성자를 낳았는데 뒤에 동국(東國)의 첫 임금이 되었다 하였으니, 이는 아마 혁거세왕(赫居世王)과 알영(閼英)의 두 성인을 낳았을 것이라는 해석이다. 계룡(鷄龍)이니 계림(鷄林)이니 또는 백마(白馬)니 하여 시조 탄생설화에 나오는 동물이 있는데, 이들 닭 · 흰색 등을 방위에 해당시켜 보면 서쪽에 속한다.

이것은 이들 이야기가 서산 신모와의 관계에서 나온 것이기 때문이다. 신모는 또 하늘의 선녀들을 시켜 비단을 짜게 해서 붉은 색으로 물을 들인 다음, 신라 여인들에게 한복을 만들게 하고는 그

7) 음력 보름날 종묘에서 지내던 제사

남편들에게 주었으므로, 나라 사람들이 그 신비스러운 영험에 놀랐다.

서산 신모에 대해서는 중국에서도 널리 알려져 있었다.

『삼국사기』의 저자인 김부식이 고려 예종(睿宗) 때에 사신으로 송나라에 들어가 우신관(佑神館)에 나아갔더니, 한 사당에 여신의 상이 모셔져 있었다. 송나라의 접대관 왕보(王黼)가 말하기를

"이것은 당신네 나라의 신인데 공도 잘 알고 있을 것이지마는...,"

하고는 다음과 같이 설명하는 것이었다.

"옛날에 중국 왕실의 딸이 바다를 건너 진한으로 가서 아들을 낳았는데 해동(海東)의 시조가 되었으며, 그 여인은 지신(地神)이 되어 길이 선도산에 살고 있답니다. 이것이 바로 그 여신의 상입니다."

하면서 그 여신을 가리켰다.

또 송나라에서 사신으로 온 왕양(汪洋)이라는 사람이 있었는데 와서 말하기를, 자기 나라에서는 해동의 성모를 제사지낼 때에 그 제문에 "어진 사람을 낳아 처음으로 나라를 세웠도다."라는 구절이 있음을 전하기도 하였다.

위의 여러 설화에서 보는 바와 같이 서산 성모 전설은 신앙화되어 신라시대뿐 아니라 고려시대까지 전해 왔음을 알 수 있으며, 신라의 개국시조와 결부될 정도로 일반의 우러름을 받았다. 그러한 연유로 오늘날 박씨의 시조를 선도산 성모에서 찾는 사람도 있다.

한편 『삼국유사』에서 일연(一然)은 다음과 같은 찬시를 지었다.

"서연산에 머문 지 몇 십 년이 지났는고, 천제녀(天帝女)를 불러 신선의 옷을 짰도다. 장생술(長生術)도 영이함이 없지 않았는데, 부처를 뵙고 옥황(玉皇)이 되었도다."

이 설화를 통해 고대의 산신 신앙에 불교 사상과 신선 사상이 모순

없이 융합된 모습을 엿볼 수 있다. 선도산은 높이 380.2m인 경주의 진산(鎭山)으로 서악(西嶽) · 서술(西述)·서수리·서형 등의 이름으로 불린다.

산성 내의 거의 정상부에 가까운 위치에 1963년 보물로 지정된 경주 서악동 마애여래삼존입상이 있는데, 남쪽으로 향한 거대한 바위 표면에 새겨진 높이 약 7m의 아미타상과 별도의 돌을 사용한 양 협시불(脇侍佛)의 보살입상은 통일신라시대의 작품으로 판단되고 있다.

뿐만 아니라 신라 성모의 영령을 보시는 사당이 이 불상들과 같은 위치에 마련되어 있으며 바위에는 '성모구기(聖母舊基)'라는 글자가 새겨져 있으나 시대는 알 수 없다.

마모가 심한 마애여래삼존입상
(사진출처 : 한국민족문화대백과사전)

선도산 성모를 모신 성모사(聖母祠)

성모사(聖母祠)라는 편액이 걸린 이 건물은 성모를 모신 사당이다. 전면 한 칸, 측면 한 칸으로 단출하다.

1976년에 복원된 사당 오른쪽에 '성모사중건기적비'가 있고, 비의 왼쪽 면에 비의 건립 경위가 기록되어 있다.

이름만 남아 있는 절, 애공사(哀公寺)

슬프고 아름다운 절 이름

애공사(哀公寺)! 애(哀)는 '슬프다'는 뜻을 가지고 있다. '애절하다'의 '애'다. 애공! 어감이 매우 나약한 여자 같다. 왜 숱한 글자를 두고 하필 절이름에 '애(哀)'를 넣었는지 모르겠다. 무엇인가 이루지 못한 곡절을 품고 있는 듯한 느낌이 온다. 그리고 이 절의 전해오지 못하는 한 많은 일들이 있을 법한 이름이기도 하다. 이것은 이 절 이름을 대하는 필자만의 생각과 느낌일까?

애공사에 대한 조사를 하면서 나름 처음에는 상당한 기대를 했다. 무엇인가 아주 많은 속살이 있을 것 같아서다. 우선 이름에서부터 사연을 품은 듯하고 절 이름이 무슨 여자 이름 같으니 전설이나 사연들이 절절하겠지. 그러나 나의 기대와는 달리 인터넷부터 관련 문헌까지 다 뒤져 보아도 만족할만한 자료나 이야깃거리는 찾을 수 없어 매우 서운했다. 그리고 그 실체마저 의심이 들 정도로 막연한 이야기뿐이었다. 흡사 해가 뜨면 사라지고 마는 아침 안개처럼 애공사에 대한 조사 결과 역시 손에 잡히는 것이 없었다. 그래도 절 이름은 예쁘고 곱다. 지금은 이름만 남은 전설 같은 절이기는 해도 관련 문헌에 약간의 흔적이 있어 그것이라도 잡고 가보려 한다.

문헌에 남아 있는 애공사의 흔적

법흥왕은 신라 23대 임금이었다. 서기 514년에서 540년까지 재위한 임금으로 540년 생을 마감하던 해, 애공사가 창건되고 이 해 24대 진흥왕이 법흥왕의 뒤를 이어 임금이 되는 원년이기도 하다.

『삼국사기』, 「법흥왕」조에 법흥왕 27년 '추칠월 왕이 별세하였다. 시호를 법흥이라 하였다. 애공사 북쪽 봉우리에 장사지냈다.'라고 분명히 기록하고 있어 애공사라는 절의 존재를 증명하고 있다. 따라서 법흥왕이 별세하던 해 칠월 이전에 애공사가 창건된 것이 된다. 『삼국사기』, 「진흥왕」조에도 비슷한 기록이 나온다. 진흥왕 37년 '가을 8월, 왕이 별세하였다. 시호를 진흥이라 하고 애공사 북쪽 봉우리에 장사지냈다.'

전 법흥왕릉, 선도산 서쪽 기슭에 있다.

애공사 북쪽 봉우리에 두 임금의 무덤이 있다는 이야기이며 애공사는 두 임금의 무덤과 관련이 깊은 절이고 두 임금이 묻힌 무덤의 남쪽 어디엔가 애공사가 자리하였다는 증거가 된다.

『삼국유사』에는 법흥왕, 진흥왕, 진지왕의 장지가 애공사 북쪽에 있고, 무열왕릉은 애공사의 동쪽에 위치한다고 기록되어 있다.

또한 『동경잡기』 「고적」조에 부(府)의 서십리(西十里)에 신라시대 창건된 애공사가 있으며 절 밑에 논을 만들고 '애공량'이라 불렀다고 기록되어 있다.

그러나 위의 문헌 이외는 애공사에 관한 기록이 보이지 않아 새로운 사실을 확인할 수 없다.

효현동사지가 애공사 절터라는데

효현동사지의 효현동삼층석탑

경주시 효현동은 무열왕릉 앞 도로를 가다가 소티재를 넘으면 선도산 서쪽 기슭이 나온다. 이 일대가 전부 효현동이다. 심지어 지금의 경주 대학교 자리도 효현동의 일부이다. 효현동사지는 소티재를 넘자 말자 우회전하여 산밑으로 난 소로를 따라 가면 외와마을 입구를 알리는 돌비석과 효현동 삼층석탑 이정표가 보인다. 효현동 삼층석탑은 외와마을 입구에 있다. 효현동삼층석탑이 있는 일원이 효현동사지이다. 이 효현동사지가 어떻게 하여 애공사지로 되었는지 살펴볼 필요가 있다.

일제강점기인 1931년 오사카긴타로는 『동경잡기』를 기준으로 효현동사지를 '애공사지'로 비정하였다. 그리고 1933년 후지시마가이지로는 『건축잡지』에서 효현동삼층석탑을 '폐애공사 삼층석탑'으로 명명하여 효현동사지를 애공사지로 인정하고 있었다. 1934년

『新羅古瓦의 연구』에 수록된 '경주부근 古寺址 위치도'에도 본 사지를 애공사지로 기록하고 있다.

1942년 간행된 『조선보물고적 조사자료』에는 본사지를 주민이 '애공사지'로 칭한다고 하면서 탑과 함께 기록하고 있다. 그리고 조선총독부 고적조사위원회의 조사자료에는 '효현삼층석탑'으로만 언급하고 있다.

고유섭은 『삼국사기』와 『동경잡기』의 내용을 바탕으로 애공사지로 추정했다. 2008년 『문화유적분포지도』에는 '효현동사지(전애공사지)로 표기하였다. 2008년 『경상북도의 석탑』에서는 효현동사지가 애공사지일 수 없다고 기록되어 있다. 또한 이근직 교수는 『신라왕릉 연구』에서 572년 진흥왕의 아들 동륜태자가 죽자 애공사를 건립하고 이후 진평왕대에 영경사로 명칭을 바꾸어 애공사와 영경사는 동일한 사찰이었을 가능성을 주장했다.

'효현동사지는 애공사 터가 아니다' 라는 설

효현동사지는 애공사지로 전칭되고 있다. 그 근거는 『삼국사기』와 『동경잡기』인데 이런 저런 이유로 효현동사지가 애공사지가 맞는지에 대한 의문을 제기하고 그 이유를 밝히고 있다. 효현동사지는 소티고개 북쪽 기슭 즉 경주시 효현동 419-1번지에 있다. 이 석탑은 1973년 10월부터 12월까지 완전히 해체 수리했으나 사리장엄구는 발견되지 않았다. 탑 전체의 양식을 보면 이 탑은 통일신라시대 이후의 탑의 형태를 보이고 있다고 한다. 즉 9세기경 신라 왕경 인근의 사찰에서 흔하게 보였던 소탑의 형식으로 현곡면 남사리 입구의 삼층석탑과 같은 구조적 특징을 보인다고 이야기 하고 있다. 애공사는 6세기에 창건된 사찰인 점을 생각하면 효현동 삼층석탑은 애공사의 탑이 아니므로 현 사지는 애공사터 일 수 없다는 결론을 얻을 수 있다.

두 번째 반론은 『삼국사기』에 등장하는 법흥왕릉, 진흥왕릉, 무열왕릉과의 방향에 대한 문제이다. 현 법흥왕릉과 무열왕릉은 『삼국사기』의 내용과 어느 정도 일치성을 보이나 진흥왕릉은 방향이 맞지 않는다. 다시 말해서 진흥왕의 장지를 애공사의 북봉이라 했는데 진흥왕릉은 현 효현동사지의 북쪽이 아니다. 그리고 또 다른 문제의 하나는 현재 법흥왕릉이나 진흥왕릉의 위치가 맞는가 하는 점이다.

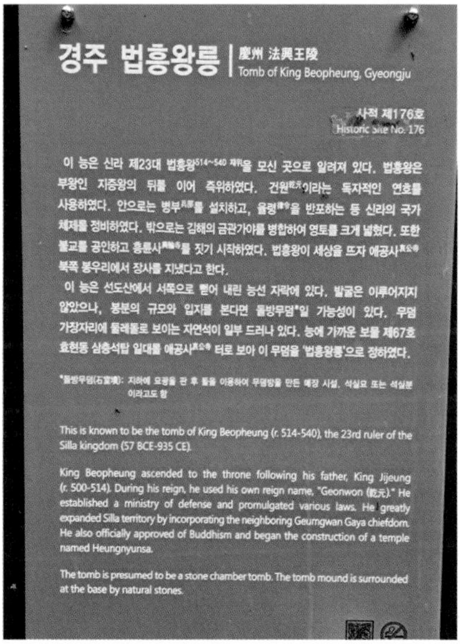

법흥왕릉 안내판

그리고 법흥왕릉 입구의 안내판에는 다음과 같은 글귀가 보인다. '이 능에 가까운 효현동 삼층석탑 일대를 애공사터로 보아 이 무덤을 법흥왕릉으로 정하였다.' 만약 이 절터가 애공사터가 아니면 이 무덤도 법흥왕릉이 아니라는 논리다. 한 국가의 문화재를 다루는 솜씨치고는 서투르기 짝이 없어 보인다.

세 번째로 대두되는 반대 의견은 애공사지로 명명된 절차의 문제이다. 효현동삼층석탑 일대를 처음 애공사지로 정한 사람은 일본인 오사카긴타로이다. 그가 참고한 근거는 『동경잡기』 내용이다. 경주부의 서쪽 십리에 있는 절터가 애공사라는 사실을 가지고 비정한 점이다. 그 이후 이 설은 사실로 굳어졌다. 이후 2008년 『경상북도의 석탑』에서 이 절터가 애공사지가 아니다 하였고 이근직 교수 역시 이 설에 대한 다른 이야기를 하고 있다. 그러나 현재에는 애공사지가 맞다고 하는 측이나 아니라고 하는 어느 쪽에서도 결정적인 단서를 가지고 있지 않은 것 같아 오리무중이다.

애공사는 어디에 있었는지 알 길이 없다.

다시 효현동삼층석탑 앞에 섰다. 달리 갈 곳이 없다. 이곳이 애공사지이건 아니건 간에 여기에 와서 다시 애공사를 생각했다. 한바탕 비가 지나가고 난 뒤 온전한 가을이 온 듯하다. 바람이 한결 시원하다. 아직도 애공사는 나뭇가지에 이는 바람결 같다. 흘러왔다 흘러가는 바람처럼 확실한 실체를 찾아내기는 어려울 듯하다.

워낙 긴 시간이 흐른 탓이다. 절의 규모도 알 수 없고 절의 위치도 알 수 없으며 언제 폐사되었는지도 알 수 없다. 어느 한때 서라벌 어디엔가에서 부처님을 모시고 향불을 피웠을 애공사는 그래서 더 슬프고 아름답다. 법흥왕이 만년에 불교에 심취하여 머리를 깎고 '법운'이라는 법명으로 승려 생활을 했는데 그 절이 애공사에서가 아닐까 하는 주장을 펴는 사람도 있다. 아무래도 좋다. 다만 어느 곳에서 확실한 증거가 되는 기왓조각이라도 나와 애공사의 존재를 밝혔으면 좋겠다.

선덕여왕, 양지스님 그리고 영묘사(靈廟寺)

흥륜사지와 영묘사지, 진실의 공방

흥륜사 절터가 사실은 영묘사지다. 아니다. 이 논란은 아직도 진행 중이다. 지금도 국가유산청이나 국사편찬위원회의 간행물에는 지금의 천경림 흥륜사 자리를 신라의 흥륜사지로 인정하고 있다. 현재 천경림 흥륜사 자리를 신라의 흥륜사지로 처음 거론한 사람은 1916년 일본인 모로가 히데오였다. 그는 신라사적고(新羅史蹟考)에서 사정동 국당 일대를 흥륜들이라 부른다는 사실을 근거로 흥륜사지로 지칭하였다. 이후 1934년 하마다 고사쿠와 우메하라 스에지가 공저한 논문 『신라 고와(古瓦)의 연구』에서도 이 절터를

영묘사 명문 기와편들(국가유산청 홈페이지에서 가져옴)

흥륜사지로 언급하였으며 1963년 우리나라 정부는 이에 대하여 별다른 고증 없이 천경림 흥륜사지로 사적을 지정하여 오늘에 이르고 있다. 1976년 현재의 흥륜사에서 영묘사 기와편이 수습되면서 이 절터가 영묘사가 아닌가 하는 의문이 제기되었으며 현재까지 영묘사(靈廟, 靈妙, 令妙)명문 기와가 여럿 출토되었다.

한편 현재 경주공고의 입구에 설치된 금속 안내판에는

> 경주공업고등학교 부지는 신라 최초의 사찰인 흥륜사기 있던 곳으로 추정됩니다. 운동장 배수시설 공사를 하던 중에 문화재가 출토되어 경주국립박물관에 의뢰해 조사한 결과 신라, 통일신라시대의 건물 기둥의 아랫부분인 적심(積心)과 배수로 등 신라 건축물의 흔적과 특히 '興'가 새겨진 기와가 출토되어 이곳이 '興輪寺'로 추정된다고 하였습니다. 이 외에도 각종 토기가 많이 출토되어 학계의 비상한 주목을 받았습니다. 위의 사실로 보아 경주공업고등학교 부지는 신라시대의 중요한 문화유적이 있었던 곳으로 판명되었습니다. 우리 모두 문화유적 보호에 힘써야 할 것입니다.

라고 적고 있다. 그리고 『삼국유사』에서는 영묘사가 사천(沙川, 지금의 남천)의 끝에 있다고 했고 흥륜사는 미추왕릉의 서쪽 서천다리에 있었던 금교의 동쪽에 있다고 하여 경주공업고등학교 자리가 확실하다는 의견이 우세하다. 실제로 지금의 천경림 흥륜사 자리는 남천의 끝자락에 자리하고 있기 때문이다. 여러 정황으로 보아 지금의 천경림 흥륜사가 영묘사절터로 보는 것이 타당해 보이나 공식적으로 인정받지 못하고 있다. 이 글은 지금의 천경림 흥륜사가 있는 곳을 영묘사지로 인정하고 원고를 작성하고자 한다.

영묘사는 얼마나 큰 절이었을까?

영묘사는 선덕여왕 4년(635년)에 창건된 전불시대 칠처가람의 하나였다. 일찍이 아도(阿道)가 과거칠불(過去七佛) 중 제5구나함불(拘那含佛)이 머물렀던 곳이라고 지명하였던 장소로 원래 큰 연못이 있었으나 두두리(頭頭里)라는 귀신 무리들이 하룻밤 사이에 연못을 메우고 절을 창건하였다는 설화가 전하는 이 사찰은 선덕여왕이 조상들의 명복을 빌기 위하여 만든 절로 선덕여왕과 관련한 이야기도 전하고 있다. 그리고 영묘사의 치장은 그 당시 유명한 법사인 양지(良志)가 수행하였다.

1452년에 간행된 『세종실록 지리지』 경상도 「경주부」조 영묘사란에는 영묘사에는 3층의 전우(殿宇)가 있는데 웅장하고 화려함이 뛰어나 예전과 같다고 했다. 아마도 그 전우 속에 흙으로 빚은 장육삼존불이 있었을 것이다. 1972년 지금 흥륜사 서편도로(금성로) 개설 공사 중 이 절의 서회랑지를 발굴하였다. 1977년부터 3차례의 발굴을 통하여 동, 서탑지와 동회랑지로 추정되는 유구 일부를 확인했다. 서탑지는 금당지 남북 증심선에서 서쪽으로 약 28m 되는 서남쪽에 위치했으며 8각형의 적심석군을 확인했다.

현 천경림흥륜사, 이 자리가 영묘사지이다.

1변의 길이가 약 7.7m이고 직경이 15m로 크고 높은 탑이 있었을 것으로 추정할 수 있다. 동탑지는 서탑지 중심에서 약 59.2m 거리에 있었으며 서탑지와 대칭되는 곳이었다. 동탑지는 서탑지보다는 조금 작은 형태의 탑이 있었다. 그래서 지금의 불국사 다보탑과 석가탑의 거리와 비교해 보면 약 2배의 차이가 난다.

현 흥륜사 내에는 토단이 있는데 경주 사람들은 돈대밭이라 불렀으며 절이 들어서기 전에는 감나무 밭이었다고 한다. 이 곳이 금당터가 아닐까 추정하는데 그 넓이로 보아 금당 이외에 다른 건물이 있었을 것으로 예측한다. 3층의 전우가 있는 금당을 중심으로 동탑과 서탑이 있고 동회랑과 서회랑이 있는 절터의 크기를 대충 짐작하면 영묘사의 웅장함을 그려 볼 수 있다.

선덕여왕과 영묘사의 이야기

『삼국유사』「선덕여왕, 지기삼사(知幾三事)」조에 나오는 이야기인데 영묘사 옥문지(玉門池)에 겨울인데도 개구리들이 많이 모여들어 3, 4일 동안 울어 댄 일이 있었다. 나라 사람들이 이상히 여겨 왕에게 물어보았다. 그러자 왕은 급히 각간 알천(閼川)과 필탄(弼呑) 등을 명하여 날랜 군사 2천명을 뽑아 가지고 속히 서쪽 교외로 가서 물었더니 부산(富山) 밑에 과연 여근곡(女根谷)이 있어서 거기에 백제 군사 5백명이 숨어 있으니 이를 포위하여 엄습해서 모두 죽였다고 한다. 또 백제 장군 우소(于召)가 남산 고개 바위 위에 숨었으므로 포위하여 활을 쏘아 죽였다. 또 뒤에 군사 1,200명이 따라오고 있었는데 모두 쳐서 한 사람도 남기지 않았다. 선덕여왕이 죽기 전에 신하들이 왕에게 개구리가 우는 것으로 변이 있는 것을 어떻게 알았는지 물었는데, 왕은 "개구리가 성난 모양을 하는 것은 병사의 형상이요. 옥문이란 여자의 음부이다. 여자는 음이고 그 빛은 흰데 흰빛은 서쪽을 뜻하므로 군사가 서쪽에 있다는 것을 알았다. 또 남근은 여근에 들어가면 반드시 죽는 법이다. 그래서 잡기가 쉽다는 것을 알 수 있었다" 신하들은 여왕의 지혜로움에 탄복을 하였다.

두 번째 이야기는 지귀(志鬼)에 관한 이야기다. 지귀는 활리역(活里驛) 사람으로 평소 선덕여왕을 사모하였다. 그러나 어쩔 수 없는 노릇이었다. 이런 내용이 선덕여왕의 귀에 들어가자 선덕여왕은 영묘사에 분향하러 가는 날이 있으니 그때 절에서 기다리라고 전하였다. 이 말을 들은 지귀는 매우 기뻐하며 여왕이 영묘사에 오는 날을 맞추어 절의 탑 아래에서 기다리다 잠이 들고 말았다. 절에 와서 분향을 마친 여왕이 돌아가는 길에 탑 아래 잠든 지귀를 보고 그의 가슴 위에 여왕의 팔찌를 놓아두고 갔다. 나중에 잠이 깬 지귀는 여왕을 보지 못한 것을 뼈저리게 후회하였다. 그러자 자신의 심화(心火)가 그를 불살라 버렸다. 그 이후 지귀는 불귀신이 되고 말았다. 여왕은 주술사를 불러 주슬을 펼칠 때 외는 말을 짓게 하였다. 이 말이 지귀주사(志鬼呪辭)다. 내용은 다음과 같다. "지귀의 마음속 불길이/ 몸을 사르더니 변하여 불귀신이 되었네./ 창해 밖으로 흘러가/ 만나지도 친하지도 말지어다."

두 이야기 모두 선덕여왕과 영묘사와 관련된 이야기들이다. 영묘사의 옥문지에서 개구리 우는 소리를 듣는 내용이나 영묘사에 분향하면서 지귀를 만난 내용들은 선덕여왕이 영묘사와 깊은 관련이 있음을 말하여 주고 있다.

양지(良志) 스님이 꾸민 영묘사

양지는 그의 출신이나 가계를 알 도리가 없으나 선덕여왕대에서 문무대왕대까지 걸쳐 활동한 인물로 추정된다. 그는 석장사(錫杖寺)에서 살았는데 여러 가지 예술에 능통하여 신기에 비할 바 없었다고 한다. 글씨에도 뛰어나 영묘사의 현판을 썼으며 소조 솜씨도 매우 뛰어났다고 한다. 영묘사의 장육삼상과 천왕상 그리고 전탑의 기와 등을 만들었다. 그는 주로 경주를 중심으로 활동하였는데 그의 작품에는 서역적인 요소까지 보이고 있다. 그가 영묘사의 장육 삼존상을 만들 때 성중의 남녀들이 다투어 진흙을 날랐다고 한다. 『삼국유사』 흥법 탑상편 「영묘사 장육조」에 '「양지전(良志傳)」의 기록을 보면 장육삼존불 불사의 비용이 조(租) 2만 3천 7백석이었다' 라고 적고 있다. 그만큼 대역사이고 백성들의 공력이 크게 작용 하였으며 그 이면에는 양지스님의 고덕과 지예가 백성들을 감복 시켰음을 알 수 있다.

이 장육삼존불을 만들 때 백성들이 흙을 나르면서 불렀던 노래인 풍요(風謠)가 향가로 전해지고 있는데 『삼국유사』 권4 「양지사석(良志使錫)」에 실려있다. 그 내용은 다음과 같다.

'오다 오다 오다/오다. 서럽더라/서럽더라 우리들이여/공덕 닦으러 오다' 고된 노역을 하면서 불렀던 백성들의 노래는 이후에도 경주 지방 백성들이 생활 노동요로 전하여졌다고 한다.

영묘사, 사라지다.

기록으로 보아 영묘사는 조선 세종조까지는 남은 건물들이 존재하였다. 신라시대의 여러 건물들이 긴 세월을 통하여 무너지고 사라지기는 했으나 금당은 있었음이 분명하다. 『신증동국여지승람』에 의하면 1460년에 봉덕사 종을 영묘사로 옮겼다는 기록이 있으며 1506년 절에 불이 나서 봉덕사종을 읍성 남문 밖에 봉황대 아래 종각을 만들어 보관하였다고 했다. 그러면 영묘사는 1506년 폐사가 되어 그 운명을 마감한 것일까? 이 기록 이후 경주와 관련된 기록에 영묘사를 개창하였다는 이야기는 없다. 폐사 이후 절터의 석재들은 민가로 흩어지고 탑은 무너지고 영묘사의 영광은 바람결에 사라진 것인가.

지금의 흔적은 흙 속에서 캐어낸 명문 기와 조각과 건물의 주춧돌, 토단 그리고 건물지의 흔적들로 그 자취를 상상할 뿐이다. 선덕여왕의 후광과 관심 어린 이 절은 남은 몇 조각의 유물들로 우리들의 안타까운 바램을 달래어 주고 있다.

칠처가람(七處伽藍)의 하나인 비구니 사찰, 영흥사(永興寺)

삼천기(三川岐)의 들판에 서서

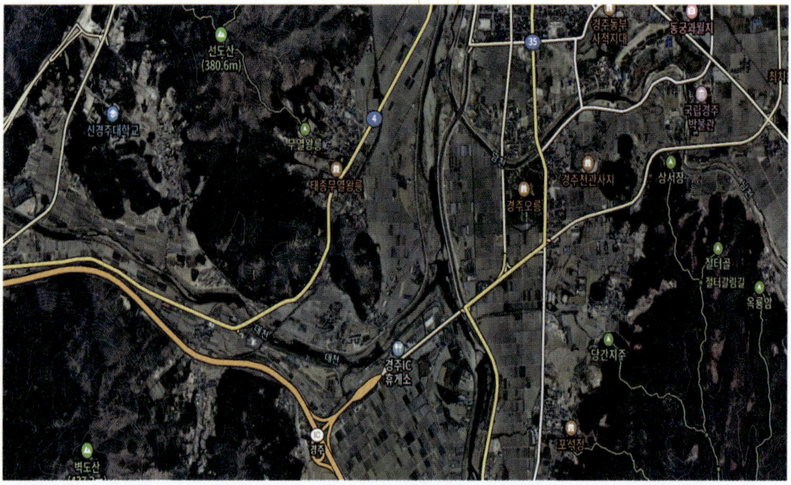

삼천기(인천, 대천, 문천)가 있는 들판 항공사진(다음 항공사진 받음)

오늘은 봄 날씨 같지 않게 날이 차다. 바람이 불고 하늘에 구름이 낮다. 봄은 겨울을 이렇게 보내기 싫은 모양이다. 들판이 온통 푸르기만 한데 날씨는 영 정이 들지 않는다. 벌판 저 끝에 강물이 보인다. 형산강이다. 북으로 흐르는 몇 되지 않는 강 중의 하나로서 포항 영일만으로 흘러든다. 지금은 고속도로 나들목을 연결하는 강변도로가 생겨서 너른 들이 양분된 기분이 든다. 도로 양편의 논들은 아직도 쉬고 있는 중이다. 강변에는 온갖 야생 봄꽃이 만발해 있다.

삼천은 울산광역시의 백운산에서 발원하는 인천(麟川, 內南川)과 서에서 오는 대천(大川, 牟梁川), 월성 남쪽을 감돌아서 동에서 오는 문천(蚊川, 南川)을 말하며 이들이 만나는 들판을 삼천기(三川岐)라고 한다. 세 지점은 현재 탑동 정수장 건너편에서 인천과 대천이 만나며 북으로 1km쯤 내려오면 강변로의 황남대교 아래에서 문천과 인천, 대천의 합류한 물과 만난다. 따라서 삼천기는 이 들판 일대가 된다.

왼쪽사진, 대천과 형산강 합수 지점
오른 쪽 사진, 문천과 형산강 합류 지점 위쪽 다리가 황남대교이다.

강이 합류하고 너른 들판이 있으며 남으로 남산이 보이는 이곳, 영흥사는 어디에 있었을까? 흐르는 강물은 예나 지금이나 말이 없고 흥성했던 그들의 역사는 차가운 바람결에 쓸려 갔는지 알 길이 없다. 지금에 와서 영흥사 절터가 여기다 저기다 논쟁을 하는 것은 결국 하나의 주장에 불과한 것일 뿐이다. 정확한 영흥사의 절터는 아직은 알 길이 없다.

영흥사 절의 위치에 대한 이야기들

『삼국유사』 권3 「아도기라」조에 보면 아도(我道)의 어머니 고도령(高道寧)이 아도에게 계림의 일곱 곳의 절을 말하는데 삼천의 갈래에 영흥사를 이야기한다. 그리고 모록(毛祿, 아도가 숨어 살던 집의 주인)의 누이동생의 이름은 사씨(史氏)인데 법사(아도)에게 와서 중이 되어 역시 삼천 갈래에 절을 세우고 살았으니 이 절의 이름을 영흥사(永興寺)라 한다. 조선시대 간행된 『신증동국여지승람』 권21 「경주부」조에 의하면 영흥사는 경주부의 성 남쪽에 있었다고 하였다. 그리고 동국대학교 김복순(金福順) 교수의 논문 '흥륜사와 칠처가람'에 의하면 1965년 경주공업고등학교 확장 시에 초석, 와당, 석재 등 신라시대 건물구조에 사용되었던 유물들이 출토되었으나 정식 발굴을 하지 않아 오늘날 이 일대를 흥륜사지로 추정한다고 했다. 그러나 대개 영흥사지일 것으로 보고 있다고 주장하고 있다. 지금까지는 결정적 단서를 확보하지 못하여 하나의 주장으로 생각이 된다.

칠처가람의 하나인 비구니 사찰

칠처가람(七處迦藍)은 신라의 불교를 일으킨 중심이 되는 7곳의 사찰을 말한다. 아도의 어머니 고도령이 아들에게 계림(서라벌)의 일곱 곳의 절터를 일러 주었다. 그 절터에 세워진 절이 칠처가람이다. 즉 천경림에 세운 흥륜사, 삼천 갈래에 세운 영흥사, 용궁의 남쪽에 세운 황룡사, 용궁의 북에 세운 분황사, 사천의 끝에 세운 영묘사, 신유림에 세운 천왕사, 그리고 담엄사이다. 영흥사는 7개의 절 가운데 하나로 흥륜사와 같은 시기인 법흥왕 22년(535년)에 창건하기 시작하였다. 이 절은 흥륜사 다음가는 절로 최초의 비구니 사찰이다.

『삼국유사』 권3 「원종흥법」조에 을묘년(법흥왕 22년)에 왕비가 영흥사를 세우고 묵호자(墨胡子)의 유풍을 사모하여 머리를 깎고 비구니가 되었으며 법명이 묘법(妙法)이라 하였다. 왕비가 영흥사를 세웠다는 이야기와 『삼국유사』 권3 「아도기라」조에 나오는 이야기에 따르면 모록의 누이 동생이 세웠다는 이야기가 같은 책에서 동시에 기록되어 있어 어느 것이 맞는지는 모르겠으나 이 절의 창건에 여인들이 관여했음은 틀림없다. 왕비가 비구니가 되어 절에 들어갔다고 하는 것은 이 사찰이 비구니의 사찰임을 증명하여 준다. 왕비를 비롯한 많은 신라의 여인들이 이 절에 들어와 승려로서 공부하고 정진했을 것이다.

『삼국사기』 권4 「진흥왕」조에는 진흥왕비 사도부인이 중이 되어 영흥사에 거주하였으며 그녀가 세상을 떠나자 백성들이 예를 갖추어 장사 지냈다고 하였다. 진평왕의 부인 마야부인도 영흥사의 비구니가 되어 절에 들어왔다. 『삼국사기』에 이런 기록이 있다. 진평왕 36년(616년) '영흥사의 소불(塑佛)이 저절로 헐어지더니 얼마 안 되어 진평왕비인 비구니가 돌아 가셨다.' 이와 같은 기록으로 보아 영흥사는 비구니 사찰이면서 동시에 왕가의 여인들이 출입하는 사원으로서 역할을 했음을 알 수 있다. 영흥사는 왕성과 가깝고 출입이 쉬우면서 강과 가까운 위치에 있었음을 암시하고 있다.

영흥사는 국가의 관리를 받는 국찰이었다.

불교를 접한 초기의 신라 사회는 불교에 대한 생경감과 이질감으로 저항이 완강하였다. 아도가 고구려에서 넘어와 신라에 불교를 전파할 당시 천경림에 지은 절은 초막에 가까웠다. 그 전에 아도는 궁궐로 들어가 불법을 행하기를 청하니 거절은 물론이고 그를 죽이려 하는 일까지 있었다. 그리하여 그는 일선현(一善縣) 모록의 집에 숨어들어 지냈다. 미추왕 3년 성국공주(成國公主)의 병을 고쳐주고 왕으로부터 허락받아 지은 것이 천경림의 초막절이었다. 그러나 미추왕이 죽자 나라 사람들이 아도를 죽이려 하자 다시 모록의 집으로 가서 스스로 무덤을 만들고 숨어 살다 자절(自絶)하였다. 아도의 죽음으로 불교가 다시 소멸하였다가 법흥왕 때 다시 일어났다. 이 과정에서 이차돈의 기이한 순교가 있었다. 신라의 토착 종교와 불교가 융합되기까지 많은 어려움이 있었음은 분명하다. 이에 따라 왕실에서는 국찰을 지어 불교의 융성을 도모하지 않을 수 없게 된 것이다.

칠처가람은 전불(前佛)시대의 신라 사람들의 정서와 생각을 융합하고 그를 바탕으로 불교의 전파와 발전을 꾀하는 도량이었다. 따라서 국가가 이 사찰들을 관리 감독하고 다듬어 갔음이 분명하다. 특히 왕실이 중심이 되어 이 국찰의 불교 행사에 참여하고 왕이나 왕비가 스스로 스님이 되어 불교에 헌신하였던 것이다. 법흥왕은 어려서 즉위하여 일심으로 불교를 받들어 만년에 이르러서는 스스로 머리를 깎고 승복을 입고 스스로 법운(法雲)이라 칭하며 그 몸을 바치었다. 나라의 임금이 이러하니 왕비들도 스스로 절로 들어가 비구니가 되었다. 왕비 비구니가 거처하던 영흥사 역시 국가가 이를 관리하였다.

『삼국사기』 권38 「직관지 상」에 의하면 '영흥사 성전은 신문왕 4년에 처음으로 설치하였고 경덕왕 18년에 감영흥사관으로 고쳤다. 여기에는 대나마가 한 사람인데 경덕왕 때에 감으로 고쳤으며 사가 3사람이었다' 라고 되어 있어 영흥사는 국가가 관리하는 성전사원(成典寺院)이었음을 알 수 있다.

영흥사의 풍경을 그린다.

신라 제2의 국찰이었던 영흥사는 어느 위치에 있었을까? 『신증동국여지승람』에 의하면 경주부 성의 남쪽에 있었다고 했다. 그렇다면 조선시대까지 존재했다는 의미인데 이렇게 감쪽같이 사라질 수 있을까? 게다가 절의 크기도 분명 어마어마했을 것이고 아무리 절이 파괴되어 사라졌다 해도 그 흔적은 분명히 있어야 하는 게 마땅하나 기와편 하나, 주춧돌 하나도 보이지 않는다. 물론 이런 신라의 절이 하나 둘이 아님은 맞다. 그러나 대찰이었던 이 절이 연기처럼 사라진 지금의 상황이 많이 아쉽다.

그윽한 향이 피어오르고 많은 사람들이 출입하였을 영흥사는 분명 삼천기 어디엔가 그 자취를 묻어 놓고 있을거라고 상상해 본다. 왕비마마가 스님으로 계시던 절이니 절의 무게와 존엄이 돋보이는 절이었으리라. 비구니들의 염불소리가 낭랑하고 대관들이 드나들었을 영흥사를 기억하고 아는 이는 지금 아무도 없다.

삼천기의 들판에는 봄꽃이 무성하고 흐르는 물은 말이 없다. 새로 닦은 강변도로 위로 차들이 무심히 달리고 강 둔치에는 게이트볼 치러 나온 남녀 노년들의 소리가 자못 시끄럽다.

신라의 국찰 영흥사의 그림자를 그려 본다. 지금도 시간은 흐르고 있다. 언젠가는 절의 흔적이 발견되어 세상을 뒤집어 놓기를 바란다. 여기가 영흥사가 있던 곳이며 여기가 대웅전이고 등등으로 그의 정체가 나타나기를 바라는 마음이다.

오야리 옛 사찰 터와 경주 오야리 삼층석탑

경주시 천북면 오야리 황학산 산 중턱에는 통일신라시대의 사찰이 있었을 것이라 추정되는 '오야리 옛 사찰 터'와 '경주 오야리 삼층석탑'이 있다. 그러나 그 당시 사찰의 이름은 알려지지 않고 있다. 지금은 이곳에 근래에 세운 '소광사'라는 작은 사찰이 들어서 있다. 사찰 앞에는 '천년의 역사를 지닌 소광사 사찰'이라는 현수막이 걸려 있다. 아마도 '통일신라시대의 오야리 옛 사찰 터'에 현재의 사찰을 건립해서 옛 명맥을 이어간다는 취지로 이러한 표현을 쓰고 있을 것 같다는 생각이 들었다.

찾아가는 길은 경주 시내에서 포항으로 가는 7번 국도를 이용한다. 경주시청에서 약 9km 가면 도로 우측에 '소광사와 오야리(吾也里) 삼층석탑'으로 가는 길을 알리는 이정표가 나온다. 국도에서 우회전하여 하천 둑길과 마을의 좁은 골목길을 따라 약 1.5km 가면 석탑과 사찰이 나온다. 이곳은 경주 시내와 거리가 제법 떨어져 있는 농촌 지역이고, 비탈길 위의 산 중턱에 있다. 그래서 일반인들에게는 오야리 문화재가 잘 알려지지 않고, 현장에 접근하기가 수월하지 않기 때문에 찾는 이들이 그리 많지는 않을 것 같다는 생각이 들었다.

소광사 사찰 아래에 차를 세우고 가파른 길을 따라 약 100m

오르면 '소광사'의 대웅전과 진영각 사이에 크고 넓적한 암반 위로 석탑이 놓여 있는 것을 볼 수 있다. 석탑은 '모진 풍파 견뎌낸 천년 세월의 탓일까?' 언뜻 봐서는 원형을 짐작할 수 없을 만큼 파손과 결실이 심하다. 그래서 사람들은 하찮은 탑이라고 자리매김을 했을지도 모른다. 그러나 '아무리 하찮은 것들이라도 저마다의 흔적과 자취를 남겨 그곳에 존재한다.'라는 생각을 하니 더욱 소중하게 여겨졌다. 다만 인적이 드문 외진 산 중턱에 통일신라시대 석탑이 자리하고 있다는 것이 신기롭기만 하다.

자연암반을 바닥돌로 건립한 삼층석탑

인적이 드문 외진 산 중턱에 옛 사찰이 있었을까?

『삼국유사』「권3」'흥법'편에는 신라의 수도였던 경주에 "寺寺星張塔塔雁行(사사성장탑탑안행), 사찰이 별과 같이 늘어섰고, 탑과 탑은 기러기가 날아가듯 했다."라는 기록이 있다. 이것이 서기 565년(진흥왕)의 기사인 점을 감안한다면, 당시 신라에는 불교가 융성했으며 경주에는 많은 수의 사찰과 탑이 존재했음을 추측할 수 있다. 지금도 산재한 사찰 터가 이를 고증하기도 한다.

신라시대 가람배치는 사찰이 건립된 위치에 따라 평지가람과 산지가람으로 구분된다. 불교 전래 초기의 사찰은 왕도를 중심으로 도심지역에 평지 가람으로 건립되었다. 그러다가 삼국통일 이후에는 산지가람화로 변화를 보인다.

이와 더불어 어느 사찰이든 금당과 탑을 중심으로 각종 건물과 조형물로 배치되는데, 유형으로는 일탑일금당형(신라하대), 일탑삼금당형(황룡사지), 이탑일금당형(사천왕사지, 감은사지), 삼탑삼금당형(미륵사지), 당·탑 병렬형(고선사지), 무탑형(부여 동남리사지) 가람배치 등으로 분류되고 있다.

이처럼 통일신라시대 이후 불교 융성과 산지가람화, 각종 건물 배치유형을 보노라면 인적이 드문 외진 산 중턱에 '오야리 삼층석탑'이 건립되었던 연유를 알 것 같았다. 또한, 석탑 주위에는 사찰이 존재하고 있었음이 분명하나 전하는 기록이 없어 추측만 할 뿐이고, 이 자리에는 근년에 '소광사'라는 작은 사찰이 들어서게 되었다.

오야리는 "마을 앞의 넓은 평야가 매우 기름지고 비옥하여 최초 '옥야(沃也)'라고 불리던 것이 발음이 변하여 '오야(吾也)'로 바뀌어 불리게 되었다."라는 지명유래가 전해오고 있다. 암반 위의 석탑은 옛 사찰 이름이 전해 오지 않으므로 '오야리' 지명을 따서 '경주 오야리 삼층석탑'이라고 이름 지어 전해오고 있다.

자연 암석의 석등 기단과 화사석, 석등 지붕돌 부재

대웅전 앞마당에는 석등 간주석을 꽂았던 구멍이 뚫린 자연 암석이 남아있고, 탑 아래에는 석등의 지붕돌과 화사석이 흩어져 있다. 이것으로 볼 때 현재 소광사의 금당 자리가 옛 사찰의 금당터는 아닐는지 상상해 보면서, 문화재 발굴을 통해서 밝혀지기를 기대해 본다.

경주 오야리 삼층석탑의 양식과 특징은?

경주시 천북면 오야리 삼층석탑은 1985년 8월 5일 경상북도 문화재자료로 지정되었다. '경주 오야리 삼층석탑'은 너비 5.5m×7.3m, 높이 3.6m의 자연 암반을 바닥돌로 하여 세워진 탑이다. 전탑을 모방한 삼층의 모전 석탑으로 탑재 일부는 결실되었으며 현재의 높이는 약 2.5m이다.

결실이 심한 오야리 삼층석탑

암석 상면의 평평한 곳에 2개의 돌로 받침대를 놓고 몸돌을 올렸다. 1층 몸돌의 남쪽에는 높이 37.5cm, 너비 31.4cm의 감실(龕室)을 만들었다. 원래 문짝이 있었던 흔적으로 받침돌 상면과 감실 상부에 이맛돌을 모각하였으며, 그 밑에는 각각 구멍이 있다.

4매석으로 짜맞춘 2층 몸돌에는 모서리에 기둥 모양을 새겼으며,

3층 몸돌은 없어졌다. 아랫면, 윗면이 모두 계단식으로 만들어진 지붕돌은 전탑의 형태를 모방한 것이다. 지붕돌 아래쪽은 1단, 위쪽에는 5단 받침을 새겼다. 1·2층 지붕돌은 각각 4장의 돌로 짜여 있고, 3층 지붕돌은 하나의 돌로 만들어졌는데 일부가 부서졌다. 3층 지붕돌의 윗면에는 지름 20.5cm, 깊이 10cm의 구멍이 있는데, 찰주공으로 보인다.

이 탑은 자연 암반을 바닥돌로 하여 세웠다는 점이 독특하다. 경주에서 자연 암반을 바닥돌로 한 석탑은 경주 남산 용장사곡 삼층석탑, 지암곡 제3사지 삼층석탑 등이 더 있다. 오야리 삼층석탑은 구성양식으로 봐서 통일신라시대에 조성된 것으로 추정되는 이형(異形) 양식의 탑이다.

이렇게 건조된 석탑들은 그 당시의 신라인들에게는 '석탑이 곧 부처이고, 신라 땅이 곧 부처가 사는 곳이다.'라고 인식하고, 불교의 가장 중심적인 예배 대상이 되었을 것이다. 현재는 탑의 남쪽 아래에 자그마한 단을 놓아 소원을 비는 둥근 돌을 마련해 두고 있다. 불교 신자들은 이곳을 찾아 소원을 빈다고 한다.

경주 오야리 삼층석탑은 전탑의 어느 유형에 속할까?

신라는 초기 목탑 조성 이후 전탑과 모전석탑이 등장하였다. 전탑의 경우는 『삼국유사』「권4」'양지사석(良志使錫)'조에 신라 선덕왕 때 양지(良志) 스님이 작은 전탑을 만들어 경주 영묘사(靈廟寺)에 봉안했다는 기록이 있어 모전탑에 앞서 전탑(塼塔)이 있었음을 알 수 있다. 따라서 신라의 탑은 목탑, 전탑, 모전탑, 석탑 등으로 발전되었다고 하겠다.

모전탑(模塼塔)은 전탑을 모방하여 전탑처럼 보이게 만든 탑이라는 뜻이다. 그 형태에 따라 두 가지 유형으로 구분할 수 있다.

분황사의 전탑계 모전석탑

첫 번째는 석재를 벽돌처럼 작게 가공하여 전탑 모양으로 쌓아 올린 전탑계(塼塔系) 모전석탑 유형이고, 두 번째는 일반적인 석탑과 같은 형태를 취하면서 다만 표면을 전탑처럼 가공하여 축조한 석탑계(石塔系) 모전석탑 유형이다.

첫 번째 유형에 속하는 경주지역의 대표적인 예는 경주 분황사 석탑이다. 넓은 토석기단(土石基壇) 위에 안산암(安山岩)을 전(塼)과 같은 모양으로 만들어 사용하였으며, 지붕돌 받침과 지붕돌 면은 모두 층단(層段)을 이루어 전탑 특유의 형식으로 되어 있다.

두 번째 유형에 속하면서 일반형 기단 위에 축조된 탑으로는 경주지역의 오야리 삼층석탑이 있고, 입방체 기단의 예로는 남산동 삼층석탑과 서악동 삼층석탑, 남산용장계지곡 삼층석탑 등이 있다. 몸돌에는 좌우의 모서리 기둥을 생략하고 지붕돌 낙수 면에는 전탑에서와 같이 층단을 표시한 형식이다. 그러나 오야리 삼층석탑에서는 2층 몸돌에 모서리 기둥이 새겨져 있다.

두 번째 유형에 속하면서 일반형 기단 위에 축조된 탑으로는

남산용장계지곡 삼층석탑

남산동삼층석탑 동탑

서악동 삼층석탑

경주지역의 오야리 삼층석탑이 있고, 입방체 기단의 예로는 남산동 삼층석탑과 서악동 삼층석탑, 남산용장계지곡 삼층석탑 등이 있다. 몸돌에는 좌우의 모서리 기둥을 생략하고 지붕돌 낙수 면에는 전탑에서와 같이 층단을 표시한 형식이다. 그러나 오야리 삼층석탑에서는 2층 몸돌에 모서리 기둥이 새겨져 있다.

자연 암반을 바닥돌로 하여 건립한 '오야리 삼층석탑'은 탑재 결구 방식이 특이한 이형 양식의 석탑계 모전 석탑이다. 현재 경주에 남아있는 몇 안 되는 통일신라시대 모전석탑 계열의 석탑이라는 점에서 문화재적 의의가 크다고 하겠다.

용명리사지(勇明里寺址)는 동경이가 지킨다

크고 튼실한 삼층석탑

마을의 수호신 같은 석탑

경부고속도로 건천 IC를 빠져나와 포항공업단지로 가는 자동차 전용도로를 타고 약 5㎞ 가다가 첫 번째 터널(건천터널)을 지나면 대곡교차로가 있다. 여기서 내려와 하천 둑 도로를 타고 약 2㎞ 쯤 가면 시내버스 정류장이 있고 농로(農路)의 작은 삼거리가 나온다. 길 우측에 있는 '동경이 마을'이라는 이정표를 따라 좁은 길로 접어들면 약 500m 지점 용명3리 마을이 있고, 마을 앞에 조성된 작은 공원에 크고 튼실하게 생긴 석탑이 우뚝 서 있다. 용명리 사지 삼층석탑이다.

석탑주변의 마을 쉼터(동네 전체가 절터이나, 흔적은 석탑이 유일하다)

통일신라시대 왕경의 행정조직인 육부(六部) 가운데 모량부(牟梁部)의 중심지가 있었던 곳인 건천읍일대는 내남면과 안강읍 일대처럼 불교유적이 거의 확인되지 않고 있다. 단석산 신선사 마애불상군·모량리사지·용명리 삼층석탑·방내리의 장흥사지 등을 제외하면 나말여초(羅末麗初)의 것으로 추정되는 건천읍 화천리와 신평리의 석조여래좌상 등 소형의 불상만 현존할 뿐이다.

따라서 불교가 전래된 이후 400년 동안 모량부에 창건된 사찰 가운데 주목되는 곳이 4개소에 불과한 점을 감안하면, 건천읍 용명3리 탑골 마을의 삼층석탑이 세워진 사찰은 중요한 역사적 성격을 지닌다고 볼 수 있으나 남아있는 기록이나 유물이 적어 사찰에 대한 내용은 전혀 파악할 수 없다.

용명리사지 삼층석탑의 동쪽과 북쪽은 산기슭에 오래전에 마을이 형성되고 민가가 있으며, 남쪽과 서쪽 주변은 과거 계단식으로 조성된 논이었으나 지금은 잔디를 깔고 정자를 지어 마을의 쉼터가 되어있어 사찰의 역사적 성격이나 폐사시기, 가람 규모 및 배치상황에 대해서는 전혀 알 수가 없고 또 석물 등 절터의 흔적을 알 수 있는 것은 아무것도 없다.

다만 석탑의 규모와 양식으로 미루어 삼층석탑이 세워진 시기는 9세기 초로 추정되어 절터의 창건 시기도 석탑이 세워진 신라말기로 추정될 뿐이다. 일제강점기인 1943년에 이르러 도괴의 위험이 있던 석탑을 개축을 하였는데 이때 탑신에서 청동불상 1구가 발견되어 국립중앙박물관이 소장하고 있다.

탑은 통일신라시대 정형양식의 2중 기단에 3층석탑으로 기단부와 탑신부는 비교적 온전한 편이고, 상륜부는 노반만 남아 있으나 전체적으로 적정한 비례를 이루며 전혀 어색함이 없는 균형 잡힌 통일기의 신라정형석탑의 대표적인 석탑이다.

기단은 이중기단으로 하층기단은 지대석과 면석을 1매석으로 다듬고 그 위에 갑석을 올려놓았다. 이렇게 두 부재를 1매석으로 다듬은 조탑(造塔) 기법은 신라정형석탑에 일반적인 기단 지대석 치석기법이다.

상·하층기단이 모두 면석은 각 면 양쪽에 우주를 두고 가운데는 탱주 2주를 두어 3구(區)로 구분하고, 우주와 탱주에는 흘림기법이 없다.

상층기단 갑석은 크기가 비슷한 4매로 구성되어 있다. 단부에 부연과 약한 물매가 있고, 가운데에는 2단으로 된 각형(角形)의 탑신받침이 있다. 모서리에 합각선과 솟음은 없다.

상·하층기단 부재가 수와 모양, 크기 등이 균일한 것, 또한 신라 전성기 석탑의 특징이라고 할 수 있다

탑신부는 각 층 몸돌(탑신석)과 지붕돌(옥개석)이 각각 1매석이다.

각 층 몸돌에는 네 모서리에 기둥(우주)만 모각되어 있고, 문비 등 장식은 없다.

2층 이상의 몸돌은 1층 몸돌에 비해서 현저하게 줄어들어서 급격한 체감을 나타낸다.

지붕돌에는 각 층이 모두 5단의 층급받침이 있으며, 윗면에 각형(角型)의 2단 탑신 받침이 있고, 낙수면은 경사를 이루다가 끝부분에서 살짝 반전하고, 귀마루의 합각선은 뚜렷하다

각 층의 지붕돌에는 네 모서리에 풍령(風鈴) 등 장식을 달았던 작은 구멍이 전각 양면에 1개씩 있다

노반을 포함한 상륜부는 모두 결실된 상태였으나, 건천초등학교 교정에 있던 노반석이 2005년 5월 18일 문화재위원의 고증을 거쳐서 실로 65년 만에 제자리를 찾았다.

노반은 방형 육면체로 상단부에 2단으로 돌출된 돌림띠가 있고, 가운데 원형의 찰주공이 뚫려있다

이 탑은 상·하 기단 면석에 탱주가 2주씩이며, 옥개받침은 5단을 유지하는 등 신라 전성기석탑의 특징이 잘 나타나 있다.

통일 이전 석탑은 하부 기단부에 사천왕상이 새겨 졌지만 통일 이후는 밋밋한 양식이 많이 나타나고, 기층에 층계가 많이 나오면 통일 이전이고 3개만 나오면 통일이후 혹은 고려 양식이다.

경주개 동경이

건천 용명리는 동경이 마을로도 많이 알려져 있다. 마침 석탑

동네 담벼락은 온통 동경이 그림으로 가득하다

사진을 찍기 위해 마을에 갔을 때, 석탑과 제일 가까이 있는 집의 마당에 동경이가 있어, 낯선 필자를 경계하여 계속 짖어댄다. 마치 용명리 삼층석탑을 지키는 수호신인 양. 경주개 동경이는 옛 문헌과 신라 고분군에서 출토된 토우에서 그 존재가 확인된 꼬리가 짧은 우리나라의 토종개이다.

경주시에서 발간한 「경주개 동경이 천연기념물 지정 신청자료」에

동경이가 그려진 마을 벽화

실린 동경이에 대한 내용을 요약하면

'경주개 동경이는 삼국사기, 동경잡기 등의 문헌 기록과 5~6세기 신라 고분군에서 출토된 꼬리 짧은 개 토우 유물로 미루어 신라시대 이전부터 경주 주변지역에서 사육된 견종이다.

고려시대 경주의 옛 지명인 '동경(東京)'에서 이름이 유래되어 동경이라 하고, 꼬리 형태는 없거나 짧고, 귀는 서 있으며 사람을 매우 잘 따른다.' 고 되어있다. 특히 『삼국사기』에는 백제 의자왕 20년 유월 서쪽에서 들사슴 모양의 개가 와서 왕궁을 보고 짖어대다가 사라진 후 백제가 망했다고 기록되어 있다.

우리나라 토종개 중에서 가장 오래된 개인 동경이는 '동경구' 라고도 불렸으며, 꼬리가 없는 까닭에 '단미' 혹은 '무미'라 부르기도 하였다. 유전자 분석 결과 한국 토종개에 속하는 것으로 확인되었으며 일제 강점기 때는 꼬리가 짧아 이상한 개란 이유로 희생되어 자취를 점점 감추게 되었지만, 대학의 교수님을 비롯한 학자들에 의해서 발굴되어 사람들에게 다시 알려지기 시작했다. 뛰어난 점프력과 멧돼지와 겨룰 정도의 용맹성을 가진 반면, 처음 보는 사람과도 금방 친해질 정도의 친화력이 있다.

국가유산청은 2012년 11월 6일 동경이가 경주의 역사와 문화적 가치가 크다고 판단하여 진돗개, 삽살개에 이어 세 번째로 국가지정 문화재인 천연기념물로 지정했다. 동경이는 흑구, 황구, 호구, 백구가 있다.

원원사는 호국사찰이었다

원원사 찾아가기가 쉽지 않다.

울산과 경계를 이루는 외동 모화에 봉황이 깃들고 있다는 봉서산이 있다. 높이가 고작 361m이고 골짜기 또한 깊지 않아 봉황이 깃들기에는 마땅하지 않아 보인다. 이 산기슭에 원원사지가 있다.

원원사지는 막상 찾아갈 때마다 길이 헷갈린다. 불국사역 앞에서 7번 국도를 따라 울산 쪽으로 11km 쯤 가면 모화리에 도착하며, 여기서 철길 아래를 지나 동북쪽으로 난 길을 따라 2.8㎞쯤 거슬러 올라가면 원원사터가 나온다고 아주 쉽게 설명되어 있다. 그러나 익숙하지 않은 사람들은 찾아가가기가 쉽지 않다. 특히 모화에서 원원사지로 올라가는 길이 상당히 고약하여 구절양장 까지는 아니더라도 처음 가는 사람을 당황하게 한다. 철길과 작은 하천 사이의 길들이 얽혀 있어 종잡을 수가 없다.

이곳은 근래에는 불고기 단지로 더 유명하여 아는 사람들은 자주 찾는 곳이기도 하다. 집집마다 울타리는 물론 논둑까지 석축을 쌓은 것이 유난스럽게 보인다. 원원사는 장대한 석축을 이용한 산지가람으로, 비탈진 산 지형을 잘 이용한 흔적이 아직도 눈에 띄게 남아 있다.

오래전 폐사가 된 후 사람들에게 잊혀져 오다가 불국사에서 여관을 운영하던 일본인 스기야마(杉山)가 발견하였다는 이야기도 있다.

호국사찰로 창건된 원원사

원원사는 『삼국유사』에 의하면 밀교를 계승한 안혜·낭융 등이 김유신·김의원·김술종 등과 뜻을 모아 호국의 사찰로 창건하였다고 한다. 이처럼 당대의 주요 인물들이 창건하였을 뿐 아니라 지리적으로도 매우 중요한 위치에 자리하고 있다. 원원사지가 위치한 7번 국도는 오늘날에도 울산과 경주를 잇는 중요한 도로지만 옛 신라에서는 당나라 유학승과 사신, 상인들이 지나다니는 가장 중요한 통로였다. 사천왕사, 망덕사, 이거사, 불국사, 감산사, 숭복사 등 신라시대의 주요 사찰들이 이 길을 따라 세워졌다. 이러한 배경을 지니고 있음에도 불구하고 원원사에 대한 창건 이후의 자세한 역사적인 기록은 남아있지 않다. 다만 『동경잡기』에 따르면 원원사는 1630년(조선 인조)에 중수하고 1656년(조선 효종)에 불에 타 소실되었다가 중건되었다는 기록이 남아있을 뿐이다. 또한, 사천왕사, 금광사와 함께 통일신라시대에 문두루비법(文豆婁祕法)의 중심도량이었을 것으로 추정됨에도 불구하고 원원사는 폐사지로 방치되어 있었다.

원원사를 창건한 목적은 통일된 신라의 영원한 번영을 염원하는 데 있었다.

통일 직후 신라는 당나라와 국가의 존망을 건 전쟁을 하고 있었다. 국민 모두가 온 힘을 호국에 쏟을 때였다. 전국의 사찰에는 호국을 기원하는 향불이 꺼질 사이가 없었고, 호국의 염원을 담은 절들이 연이어 세워졌다.

절의 위치가 동해와 당시 서울인 경주를 연결하는 길목이며, 동해로부터 들어오는 적을 방어하기 위한 관문산성이 여기서 멀지 않은 곳에 있다는 점, 그리고 당나라 군사를 격퇴시키는 데 큰 위력을 나타낸 신인종의 승려들과 힘을 모아 절을 세웠다는 점도 원원사가 갖는 호국불교적 성격을 잘 말해주는 셈이다.

최효식의 한국향토사연구에 의하면 임진왜란 때에도 원원사는 의병들의 중요한 전위 진지의 역할을 하고 있었다고 한다. 선조 25년 6월과 12월 이춘언, 박인국, 이여랑, 유정 등의 의병군이 원원사에 모여 봉서산의 대나무로 화살을 만들고 새로 편입된 의병들에게 군복과 군량을 지급하였다는 것을 보아 주요 진지의 하나였음이 확연하다. 뿐만 아니라 골짜기로 쳐들어오는 왜병을 공격하여 70여 명의 사상자를 남기고 도주하도록 하였으며, 선조 27년에도 관문성을 넘어 원원사를 탈환하기 위해 골짜기에 주둔하던 왜병을 의병장 박춘무를 위시한 의병들이 격퇴하였다는 기록도 남아 있다.

원원사는 명랑법사가 세운 사천왕사, 금광사와 함께 통일신라 시대에서 고려 전기까지 밀교의 중심이 되었던 곳으로, 조선 후기까지 명맥이 이어져 온 것으로 보이며, 탑의 조각 수준으로 보아도 당시에는 매우 품격이 있는 절이었음을 알게 한다.

현재의 절 이름은 원원사(遠願寺)이지만 『삼국유사』에는 '원원사(遠源寺)'로 되어 있고 『동경잡기』에는 '원원사(遠願寺)'로 되어 있다. 절이 창건된 연유를 생각할 때 '원원사(遠願寺)'가 더 타당성이 있는 듯싶다.

원원사지에 남아있는 유물과 유적

이 원원사 입구에 들어서면 돌을 쌓아 갖가지 꽃과 작은 나무들을 사이사이에 심은 석축이 보인다. 그 위에는 근래에 새로 지은 원원사가 있다. 절집에서는 참으로 보기 어려운 한글로 된 천불보전이란 현판이 눈길을 끈다. 역시 최근에 지었는데, 색이 진하고 화려하다. 그러나 화려하고 진한 채색의 천불보전보다는 그 아래 천불보전을 지탱하고 있는 많은 세월을 견디어온 견고한 석축이 돋보이는 것은 무슨 까닭일까?

석축을 뒤로하고 종루가 있는 오른쪽으로 돌아 돌계단을 오르면 옛 원원사터가 나온다. 오르는 길에 남아 있는 돌계단은 이지러지고 깨진 돌이 있지만, 크게 손을 대지 않은 상태여서 옛 모습을 엿볼 수 있다.

아직도 흐트러지지 않은 수수한 모습의 돌계단을 오르면 높이가 각각 7m인 두 기의 삼층석탑이 나란히 서 있다.

동서 쌍탑인 두 삼층석탑은 도괴되었던 것을 1933년에 복원한 것이다. 상하 기단 면석에 탱주 2개가 조각돼 있는 것을 보아 통일신라시대에 건립된 것임을 알 수 있다. 특히 상층 기단에는

서탑 상층기단 북면의 십이지신상(좌). 서탑 1층 탑신 북면의 사천왕상(우)

십이지신상을, 1층 몸돌에는 사천왕상을 강하게 조각하는 등 특이하고 화려한 장식을 보이고 있다.

상층 기단 한 면에 3구씩 조각된 십이지신상은 연화대 위에 평복의 옷자락을 아름답게 휘날리며 앉아 있다. 두 손을 가슴 앞에 모은 자세로 강한 수호신 이미지의 십이지신상과는 조금 다르다.

이와는 대조적으로 1층 몸돌에는 사천왕상이 강하게 조각되었다. 사천왕상은 네 방위를 지키는 수호신이며, 십이지신상도 십이지 방위신이라 하여 역시 수호의 관념에서 나타난 것으로 보인다. 탑신부가 다른 것들에 비해 조금은 폭이 좁아 보이지만 사천왕상과 십이지신상의 조각이 풍성하여 이를 보완하고 있다.

탑은 8세기 중엽에 건립된 것으로 보인다. 두 삼층석탑 기단부와 탑신부에 새겨진 십이지신상과 사천왕상의 조각이 빼어나다. 탑에 십이지신상을 조각한 경우는 드문 예이다. 서쪽의 것은 지붕돌이 크게 깨졌으나, 비교적 또렷이 남아 있는 조각들은 신라 예술의 또 하나의 자랑이 될 만하다.

그러나 이 탑들은 사진에서 보는 바와 같이 특이할 정도로 깨지고

원원사지 동탑(좌)과 서탑(우). 동탑의 파손이 심하다.

부서진 곳이 많다. 이는 조선 순조 9년 울산의 모 유력인사가 조상의 묘를 쓰기 위해 석탑을 무참히 무너뜨리고 깨뜨려 땅속에 묻어 버렸다는 것이다. 그 뒤 일제강점기에 사냥을 나온 스기야마란 사람에게 발견되어 오늘날 이런 모습으로나마 다시 볼 수 있게 된 것은 참으로 다행한 일이 아닐 수 없다.

두 석탑 사이에는 석등이 있고, 소나무로 울타리를 삼은 듯 주변에 소나무가 빙 둘러쳐 있고 삼층석탑 뒤로는 금당터 임을 알 수 있는 부재들이 지금도 남아 있다.

그러나 아쉬움이 남는 것은 지금도 금당터 뒤를 비롯한 절터 곳곳에 무덤들이 산재해 있어 보는 사람의 눈살을 찌푸리게 하고 있다. 문화재를 관리하는 이들은 예산타령, 시간타령, 허가 타령 등 타령으로 시간을 보낼 것이 아니라, 창의적이고 솜씨 있는 멋진 행정을 기대해 본다.

신주(神呪) 만다라를 구현한 동 · 서 삼층석탑

원원사 동·서 삼층석탑의 옥신석과 기단면석에는 앞에서도 언급한 것과 같이 사천왕상과 십이지신상이 새겨져 있다.

사천왕상은 칼, 금강저, 보주 등의 지물을 들고 악귀를 밟고 선 입상의 형태로 1층 옥신석에 조각되어 있고, 십이지신상은 도복 차림의 짐승 머리에 사람 몸을 갖춘[獸首人身] 형태로 기단면석을 돌아가며 사방에 새겨져 있다. 이처럼 석탑에 사천왕상과 십이지신상을 함께 장식한 사례는 원원사지 석탑이 처음일 뿐 아니라 이후 제작된 십이지신상 석탑의 모범이 되었다는 점에서 미술사적 의미를 갖는다. 현재 전국에 남아 있는 수백기의 석탑 중에서도 기단면석에 십이지신상을 조각해 놓은 예는 드물다.

구례 화엄사 오층석탑, 영양 현일 삼층석탑, 화천동 삼층석탑, 안동 임하동 삼층석탑, 예천 개심사지 오층석탑 정도뿐이다. 물론 원원사지 삼층석탑의 규모나 예술적 수준은 앞의 다른 석탑과는 비교가 안 될 정도지만 말이다.

원원사지 석탑의 사천왕상과 십이지신상이 가지고 있는 종교적 의미는 무엇일까? 원원사는 통일신라시대 문두루비법의 중심 도량이다. '문두루'는 범어 '무드라(Mudra)'를 소리 나는 대로 표기한 것으로 '신인(神印)'으로 의역된다. 명랑법사에 의해 신라에 전해진 신인종은 관정경 12권 중에서 제7경인 '불설관정복마봉인대신주경(佛說灌頂伏魔封印大神呪經)'을 소의경전으로 삼고 이 경에 따라 불단을 설치하고 다라니(神呪) 등을 독송하면 국가적인 재난을 물리치고 국가를 수호하여 사회를 편안하게 할 수 있다고 한다.

이런 자료들을 참고로 하여 살펴보면 원원사 석탑의 사천왕상과 십이지신상은 문두루종, 즉 신인종의 교리와 관련이 있을 것으로 생각된다. 원원사 동·서 삼층석탑은 신주(神呪)를 목적으로 한 잡부밀교의 신앙의 대상으로서 방위신을 배치한 일종의 신주(神呪) 만다라를 구현한 탑이라 볼 수 있다.

왜냐하면 첫째, 원원사가 신인종의 근본 도량이고 둘째, 문두루, 즉 대신주(大神呪)의 대상이 되는 것이 사천왕을 비롯한 방위신이고 셋째, 십이지신 역시 방위신의 성격을 가지고 있으며, 넷째 명랑법사가 문두루비법을 행하는 의식에 참여했던 승려의 수가 12명이라는 점 등을 들 수가 있다. 또 하나는 12지신상의 수인이 유별나게 다양하게 나타나 있다는 점이다. 평복을 입고 공수(拱手)자세를 취하고 있는 일반적인 십이지신상의 모습과는 확연히 다르다. 이처럼 다양한 형태의 수인은 밀교 삼밀(身·口·意) 중 신(身)에 해당하는 표현이 아닌가 생각된다.

사천왕은 세계의 사방을 수호하는 호법의 방위신이고 십이지수(十二之獸)는 원래 약사여래의 권속인 십이신장의 속수(屬獸)로 12 방향에 배치된 것이다.

시대 변화를 잘 보여주는 부도

두 번의 현장답사에도 불구하고 찾지 못했던 부도를 이번에는 꼭 찾아보겠다는 의지로 다시 찾은 원원사지의 탑과 용당은 아직도 여전했으나, 그때 만났던 용당의 용은 만날 수가 없었다. 아무 때나 아무나 만날 수 있는 용이 아닌가 보다. 새 원원사의 요사채에 기거하시는 연로하신 보살님들의 친절한 설명에 도움을 얻어 부도를 찾아 갔다. 우선 가까운 서쪽 부도는 용당 서쪽 대밭을 지나 도랑을 건너 길 없는 길을 찾아 오르니 '부도 가는 길'이란 코팅된 프린트물이 나무에 붙어 있었다. 그나마 갈림길에 있던 이정표는 나무가 쓰러져 있어 정확한 방향을 알 수가 없어 헤매기는 했으나 덕분에 무난히 찾을 수 있었다. 고려시대 작품이란 사전 지식을 알고 가서 그런지 조각의 솜씨나 좌우균형 등 모든 부분이 석조문화의 전성기였던 석굴암본존불의 솜씨와는 큰 차이를 보이고 있었다. 뿐만 아니라 넘어지고 흩어진 초석들이 그 동안의 풍상을 잘 말해주고 있었다.

용당 서쪽 대밭을 지나 계곡을 건너면
1기의 서부도를 만날 수 있다.

다시 내려와 동쪽부도를 찾으니 삼층석탑으로 올라오는 계단 밑에 동쪽계곡으로 내려가는 오솔길이 있다. 이 길을 따라 가면 계곡사이의 다락논이 계속되다가 마지막 쯤 배롱나무를 심어둔 논을 가로질러 가면 작은 도랑이 나타난다. 그 도랑을 건너가면 제법 차량이 다닐만한 길이 보인다. 그 길을 따라 조금 오르면 3기의

원원사지 동편 계곡에 있는 3기의 동부도

부도가 나란히 보이고 그 앞에 부도를 돌보는 분이 기거하는 작은 판자집이 있다. 여기에도 부도들은 연대의 차이가 있는지 만든 분들의 정성의 차이가 있는지 각각 솜씨가 다르다. 왼쪽부터 오른쪽으로 갈수록 기단이나 조형솜씨가 차가 있다. 석조조형물이 쇠퇴하던 시대라 어느 것이 오래된 것인지는 가늠하기 어려웠다.

용당에는 지금도 용이 살고 있다?

원원사의 용이 살고 있었다는 용당

금당터 왼쪽의 작은 누각의 문을 열고 들여다보면 용왕을 모신 그림이 벽면에 그려져 있고 바닥에는 생각지도 않은 작은 우물이 있다. 이 우물을 용당이라 부르는데, 우물과 이어진 구멍이 누각 밖으로 뚫려 있다. 이 구멍은 돌을 깎아 움푹하게 물길을 내었으며, 물길의 2곳에는 돌에 웅덩이를 파서 물이 고이면 찌꺼기가 가라앉도록 하여, 물을 정화한 뒤 마지막에 큰 돌확을 설치하여 물을 사용하였다고 한다. 요즘말로 하면 자연정화 시설인 것이다. 옛 신라인들은 우물 하나에도 이렇게 정성을 들여 활용하였다니 그 지혜가 놀랍기만 하다. 현재도 남아 있는 3미터 가량의 수로는 원원사지 폐허에 그대로 남아 있던 것이라 한다. 수로 끝에는 물을 저장하던 큰 돌확이 있고 돌확에서 넘친 물은 개울로 떨어지도록 되어 있었다.

절에서는 이 우물을 '용당'이라 부르고 실제로 용이 살고 있었다고 전하여 온다. 우리가 답사한 날은 마침 신라문화유산연구원에서 원원사지 기초조사 및 발굴조사를 준비하는 사람들이 모여서 일을 하고 있었다. 우리가 문을 열고 우물을 보기 전에는 우물이 있음을 알지 못했던지, 우리가 문을 열고 들여다보니 인부들도 살펴보고는 절 마당까지 가서 퍼 오던 물을 여기서 퍼 올려 통에 담았다. 그러던 중 그동안 용당에서 살던 용이 나와 많은 사람들을 놀라게 하였다. 그 용은 바로 도룡룡이었다.

용당에서 나온 이 도룡룡이 혹 용?

마동사지(馬洞寺址)는 장수사지(長壽寺址)인가?

마동사지 : 경주시 마동 101-2 (비지정 문화재)

구정동(옛 불국사역)에서 불국사로 가면 보문에서 오는 길과 마주치는 삼거리에 코오롱 호텔이 있다. 좌측의 식당가를 끼고 약 400m 올라가면, 뒤로는 토함산을 배경으로 큰 도랑 옆 공터에 삼층탑이 서 있는 것을 볼 수 있다.

동북쪽 토함산을 병풍처럼 두르고 코오롱호텔 북쪽 마을뒤, 마동사지는 '장수사(長壽寺)' 혹은 '웅수사(熊壽寺)'의 터로 비정(比定)되는 곳이다. 장수사는 불국사를 창건한 김대성과 연관된 사찰로 불국사와 가까운 곳에 있었다고 추정되는데, 이곳이 불국사에서 가깝고 삼층석탑이 남아 있어서 장수사지일 가능성이 가장 높은 곳이다.

남쪽에, 경주 코오롱 호텔

『삼국유사』에 의하면 불국사와 석굴암을 창건한 김대성이 청년 시절 사냥을 좋아하여 토함산에서 곰 한 마리를 잡았다. 그날 밤 산 밑의 마을에서 유숙하였는데, 낮에 잡힌 곰이 꿈에 귀신으로 변하여 나타나 자신을 잡아먹겠다고 덤볐다. 놀란 대성이 용서를 빌었더니 곰은 자기의 영혼을 위해 절을 짓고 명복을 빌어 달라고 하였다. 곰의 요구대로 절을 세우겠다고 약속하고 잠을 깼는데 온몸이 땀에 젖어 있었다. 대성은 이후부터 사냥을 하지 않았고, 꿈을 꾸었던 자리에 몽성사(夢成寺)를, 곰을 잡았던 곳에는 웅수사(熊壽寺)라고도 불리는 장수사(長壽寺)를 지었다고 하는데, 현재 마동사지로 추정되고 있다.

토함산 아랫마을 마동삼층석탑이 있는 곳은, 불국사와 거리가 600m 정도에 있어 가깝다. 「불국사고금창기(佛國寺古今創基)1740」에 의하면 1593년 5월 3일 임진왜란 때 왜구들이 불국사에 와서 불국사에 와서 불을 질렀는데, 이를 장수사 [주지 담운(曇雲) 스님] 승려들이 화재 진압에 참여하였다고 한다. 이러한 점으로 보아, 장수사는 불국사와 가까운 곳에 있었다고 볼 수 있으므로 이 자리가 확실한 듯 하다.

석탑은 높이 약 5.4m이며 이중기단에 3층 탑신부를 갖추고 있다. 석탑은 상층기단갑석 일부가 신재이며, 1층 탑신석의 모서리가 훼손되어 있다. 지대석은 하층기단면석과 한돌이며, 8매로 조성하였다. 하층기단면석에는 우주와 탱주 2주가 있다. 하층기단갑석은 8매이며, 상면에 각호형의 2단괴임이 있다. 상층기단면석은 6매이며, 우주와 탱주 2주가 있다. 상층기단갑석은 4매이며, 하면에 부연이 있고 상면에 각형 2단괴임이 있다. 기단부는 부재들을 맞댄이음하였다. 탑신부는 탑신석과 옥개석이 각각 한 개 돌로 만들었다. 1~3층 탑신석은 우주가 모각되어 있고, 1층에 비해 2층부터는 급격한 체감율을 보인다. 1~3층 옥개석은 5단의 옥개받침과 2단의 각형 괴임이 있으며, 전각 모서리에 풍탁공(風鐸孔)이 있다.

풍탁(風鐸)을 매달았던 구멍

1층 옥개석의 풍탁공은 전각 양면에 2개씩 있고, 하면에 3개가 있다. 2·3층 옥개석에는 전각 양면에만 2개씩 있다. 상륜부에는 노반이 있으며, 찰주공이 있지만 현재는 막혀 있다. 통일신라의 전형적인 삼층석탑이며 8세기 후반에 제작되었다고 추정된다.

석탑 찰주공

마동사지가 있는 곳은 토함산의 남서쪽 능선 끝자락인데, 탑동마을 안쪽 석탑이 있는 101-2번지 일원이다. 사지는 지형상 남쪽으로 낮아지며, 북동~남서방향으로 계곡이 형성되어 있으며 동쪽 능선 너머에 불국사가 있다.

절터 일대는 상단 평탄지와 하단 평탄지로 나뉘며, 지표의 높이

차이가 크다. 상단 평탄지의 석탑 주변은 정비되어 있으며, 나머지는 경작지이고 하단 평탄지에는 마을이 있다. 현재 지표상에는 절터와 관련된 유구가 확인되지 않는다. 다만 주민의 증언에 의하면 석탑 북쪽에 초석으로 추정되는 치석재(治石材)가 있었다고 하나, 현재는 확인되지 않는다.

이곳에 대한 발굴 및 조사는, 일제강점기에는 석탑에 대해 간략하게 조사 하였는데 주변에 기와 조각이 흩어져 있었다고 한다. 2008년 『문화유적분포지도』는 석탑 인근이 과수원이며, 그 일대가 절터라고 파악하였다. 또한 석탑 주변이 정비되기 전에는 인접해서 암자가 있었다고 한다.

이후 2009년 간행된 『경상북도의 석탑Ⅲ』에서는 앞선 조사의 정리와 함께 석탑에 대한 '정밀실측조사'가 시행되었다.

이어서 하단 평탄지의 마동 104-8번지에 대한 발굴조사가 2010년에 실시되었는데 통일신라~고려시대의 건물지 4동과 담장지 2기 등의 유구 및 유물이 확인되었다.

유물은 대부분 기와인데 석탑의 동쪽 경작지 일부를 제외하고 사역 전반에 걸쳐

사지 인접 발굴지역

마동사지 안내판 : 마을어귀

다량 산포하고 있었다. 두께 1.1~ 1.3㎝의 사선문, 두께 1.7~2.7㎝의 사선문과 어골문 와편, 토기편 등으로 보아 통일신라~고려 후기에 제작되었다고 판단된다.

상처투성이인 쌍탑과 불상대좌만 남아 있는 장항리사지

법정스님의 책 '새들이 떠나간 숲은 적막하다'에 이런 내용의 글이 있다.

어떤 고을의 지방장관이 산중에 사는 한 스님의 덕화(德化)를 전해 듣고 몇 차례 뵙기를 청했지만 그 스님은 자리를 뜨지 않았다.

어느 날 그는 하는 수 없이 몸소 산을 찾아갔다. 이때 그 스님은 경을 보면서 거들떠보지도 않았다. 그 지방장관은 심기가 뒤틀려 말했다.

"막상 대면해 보니 천리 밖에서 듣던 소문만 못하군!"

이에 스님이 입을 열었다.

"그대는 어째서 귀만 소중히 여기고 눈은 천하게 여기는고?"

이 말끝에 그는 물었다.

"어떤 것이 도(道)입니까?"

스님은 손가락으로 하늘을 가리켰다가 다시 곁에 있는 물병을 가리키며 말했다.

"알겠는가?"

"모르겠습니다."

"구름은 하늘에 있고 물은 병에 있느니라(雲在青天 水在甁)."

그는 가르침을 알아차린 바가 있어 정중히 인사를 드렸다.

그 스님이 주석하고 계신 곳이 이곳 장항리사지일 것 같다. 이 사지(寺址)에 대해서 묻는다면 스님은 하늘을 가리켰다가 쓸쓸히 옛 절터를 지키고 있는 이 쌍탑을 가리키실 것이다.

진티로 가던 장꾼들의 거친 숨소리가 들린다.

과거 문교부와 법무부 장관을 지낸 석학 황산덕 선생의 명저 『복귀』에서 한민족은 절대로 절멸(絶滅)하지 않는다고 하였다. 그 이유로 임진왜란을 예로 들면서 이 나라는 위기를 맞으면 큰 인물들이 집중적으로 나왔는데 그것은 우리 민족이 그런 저력을 가지고 있기 때문이라고 했다. 임진왜란을 되돌아보면 그 말은 틀림이 없다는 것을 알 수 있다. 이 난을 전후하여 장수로는 이순신, 권율이 있었고, 정치인으로는 유성룡, 이덕형, 이항복이 있었으며 종교 지도자로는 서산대사, 사명대사가 있었다.

과거에 비해서는 다소 좋아지고 있지만 아직 우리 국민들이 일본에 대해서는 호감을 갖지 못하고 있다. 그런데 임진왜란 때 국가를 위기에서 구한 그런 인물들이 보이지 않는다.

휴가철이지만 이른 시각이라 통행하는 차량이 별로 없다. 불국사를 지나 석굴암을 향하여 올라가면 석굴암과 양북면 장항리로 가는 갈림길이 있다. 우측 양북 방향으로 2km쯤 내려가면 다시 갈림길이 있다. 우측으로는 경주 풍력발전이다. 좌측으로 계속 3.1km 가면 우측에 있는 토함산자연휴양림 쪽으로 들어가지 말고 계속 좌측 길로 4.6km 더 내려가면 장항리사지 표지판이 보인다.

간이주차장에서 건너다본 장항리사지

길가에 차량 7-8대를 주차할 수 있는 간이주차장이 마련되어 있는데 이른 시각이라 텅 비어 있다.

국립경주박물관장과 국립중앙박물관장을 지낸 소불 정양모 선생은 '경주를 말해주는 세 가지 유물'[8] 중의 하나로 이 장항리 폐사지를 들고 있다. 그러나 막상 절터에 가까이 다가가면 다소 실망할 수도 있다. 쌍탑과 불상 좌대만 남아 있는데 절터가 깊은 계곡에 바짝 다가서 있어 큰물이라도 지면 골짜기 속으로 무너져 내릴 것만 같다.

실제 동탑은 언젠가 큰물이 덮쳐 탑이 그대로 골짜기 속으로 무너져 내린 적이 있었다.

8) 소불선생은 진평왕릉, 성덕대왕신종 종소리와 더불어 이곳 장항리 절터를 경주에서 가장 좋아하는 유물로 꼽았다.

장항리사지가 있는 이곳은 양북면 장항리 탑정마을이다. '장항'은 한자로 '노루 장(獐)'에 '목 항(項)'이다. 마을의 앞산 지형이 마치 노루의 목과 같이 생겼다고 해서 지역에서는 '노루미기' 또는 '노루목'이라고 한다. 탑이 있어 마을 이름은 '탑지이' 즉 '탑정(塔亭)'이다.

신작로가 나기 전 이곳은 감포 쪽에서 진티(진현동)로 가는 동산재를 넘기 전 쉬어 가는 길목이다.

감포에서 진티 장으로 가던 장꾼들이 새벽에 길을 떠나 이쯤에 이르면 날이 밝아 오고 길목에 있는 이 절에 들러 가족의 평안을 기원하고, 또 돈을 많이 벌게 해 주십사고 부처님께 빌었을 것이다. 그리고 계곡에 흐르는 물을 마시며 한숨을 돌리고 조금은 가벼워진 짐을 추슬러 다시 발걸음을 재촉했을 것이다.

가만히 귀를 기울이면 첫 새벽 감포 쪽에서 어물(魚物)을 머리에 이고 또는 등에 지고 이 산등성이를 오르던 이들의 거친 숨소리가 들리는 듯하다.

돌계단을 내려가서 계곡 위 나무로 만든 아치형 다리를 건너 제법 가파른 나무 계단을 오르면 탑 2기와 불상대좌 1기만 남아 옛 절터를 지키고 있다. 앞으로는 낭떠러지이고 뒤로는 산이 아늑하게 에워싸고 있다. 속세와는 멀리 떨어져 있는 이 절은 작으나마 화려했을 것이다. 절 이름이 전하지 않아 지명을 따서 장항리에 있는 절이라 하여 '장항사', 혹은 탑정마을에 있다고 해서 '탑정사'라고 불리기도 하지만 확실한 이름은 알 수 없다. 현재 사적 '장항리 사지'로 지정되어 있다.

탑 주위에는 개망초가 그득하다. 이 풀은 망초에 '개' 자를 더한 것인데, 지역에 따라서는 '왜풀'이라고도 한다. 그 이름을 통해서도 일본을 통해서 들어온 귀화식물이라는 것을 알 수 있다. 나라가 망할 무렵 나타났다고 해서 망할 '亡' 자를 넣어 개망초라 불리게 되었다는 이야기가 있다. 현재 일본과의 갈등을 생각할 때 죄다 뽑아버리고 싶은 심정이다.

도굴범에 의해 파괴되었던 장항리사지 석탑

현재 장항리 사지는 깊은 골짜기를 앞에 두고 산중턱에 자리 잡은 절터 중앙에는 석불대좌가 놓인 금당터가 남아 있고, 오른쪽에는 두 탑이 나란히 있다. 가람 배치에서 다른 절터와 차이가 있는 것은 금당을 사이에 두고 앞쪽에 두 탑이 있지 않고, 탑과 금당이 거의 같은 선상에 나란히 늘어서 있다. 계곡 사이의 좁은 대지를 최대한 이용하여 쌍탑을 배치한 통일신라시대의 가람 양식을 보여주고 있으나 강당이나 회랑의 존재는 아직 밝혀지지 않고 있다.

신라의 가람배치 형식은 통일 이전에는 황룡사지와 분황사에서 볼 수 있는 것처럼 단탑이었으나 통일 이후로는 감은사지, 사천왕사지, 망덕사지 등 쌍탑 가람이 많았다.

이곳 장항리사지는 본래 금당을 사이에 두고 동서 쌍탑을 이루고 있던 것이 지금은 서탑 바로 옆에 동탑이 놓여 있다.

두 탑 중 서탑은 1923년 도굴범이 탑 속에 있는 사리 장치를 탈취하기 위하여 폭파하였다.

중국 제나라에 탐욕이 심한 사람이 있었다. 어느 날 그는 번화한 시장에서 금은방에 들어가 금부처를 훔쳐 도망쳤다. 사람들이 많은 시장 한복판이라 그는 곧 붙잡히고 말았다.

"사람들이 보고 있는데 무슨 배짱으로 도둑질을 했는가?"

문초를 하자 그는 이렇게 대답했다.

"뭐라고요? 내가 금부처를 훔칠 때는 사람은 한 명도 보이지 않고 금부처만 보였는데요."

중국 고전인 『열자(列子)』에 나오는 이야기이다.

이 탑의 폭발음을 당시 절 근처의 마을 사람들도 모두 들었을 것이다. 하지만 도굴범은 오직 탑 속에 있을 사리장치를 비롯한 보화에만 눈이 어두워 주위를 의식하지 않았던 것이다. 그러나 이 도굴범이 체포되었다는 이야기는 없다. 혹 당시 일본 경찰의 비호 아래 이런 못된 짓을 저질렀던 것은 아닐까?

1932년 폭파된 서탑은 흩어져 있던 탑재를 찾아 현재의 위치에 복원하였다.

복원된 이 탑은 높이 약 9.5m인 5층 석탑으로 돌 색깔이 부드러워 따뜻한 느낌을 준다. 1층 몸돌에는 문 모양과 함께 인왕상이 조각되어 있다.

7세기 후반에 만들어진 석탑들은 각 부분이 여러 개의 석재로 이루어진 것과는 달리, 이 석탑은 8세기 중엽 이후에 만들어진 석탑으로 몸돌과 지붕돌들이 각각 한 개의 돌로 되어 있어 석탑의 변천 과정을 잘 보여주고 있어 국보로 지정되어 있다.

이 탑은 2층 기단 위에 5층 탑신부를 올리고 그 위로 상륜부를 얹었다. 우선 상하 이중의 기단부는 널찍하여 안정감이 있다. 하층 기단은 양쪽 우주에 탱주 2개를 조각하였고, 갑석 상면에 높직한

장항리사지 5층 쌍탑. 앞쪽이 동5층석탑이고 뒤쪽이 서5층석탑이다.

원호(圓弧)와 얕은 괴임을 마련하여 상층 기단을 받치고 있다. 상층 기단 면석에도 우주와 탱주가 각기 둘씩 조각되었다. 갑석은 아래쪽의 부연(副椽)이 정연하고, 상면에 높직한 각형 괴임 2단을 마련하여 탑신부를 받치고 있다. 5층 탑신은 신재로 보완하였다. 지붕돌 층급 받침은 각층 5단씩이고 낙수면 꼭대기의 몸돌 고임대는 각형 2단이 정연하고, 네 귀퉁이의 전각이 뚜렷하여 경쾌하다. 상륜부는 노반석만 남아 있다. 1층 몸돌과 2층 이상 몸돌의 체감률이 심한 편이나 2층 이상에서는 몸돌의 높이가 거의 비슷하다. 1층 몸돌의 양 우주 가운데에는 문 모양의 조각[문비(門扉)]이 있고, 그 좌우의 인왕상은 벗은 상체에 무릎 위까지 오는 짧은 군의를 입고, 어깨가 떡 벌어진 다부진 몸매이다. 두 다리의 근육은 당당하면서도 활기찬 형태를 취하고 있다. 부라린 눈과 큼직한 코, 듬직한 입, 강인한 턱과 불거진 광대뼈 등 조각이 매우 빼어난 인왕상이다. 문화재 보수의 대가이자 한옥의 거장 신영훈은 한 인왕상이 구성지게 노래를 하고 이 노래에 신이 난 다른 인왕상이 춤을 추는 것으로 보았다.

동탑은 언젠가 폭우로 축대가 무너지면서 계곡에 떨어져 뒹굴고 모서리는 깨져 반쯤 묻혀 있는 것을 1966년에 복원하여 현재의 모습으로 다시 세웠다. 기단부는 완전히 없어지고 탑신부 몸돌은 1층만이 남아 있는데 그 위에 5층까지의 지붕돌만을 쌓아놓았다. 1층 몸돌의 규모나 표면 조각으로 보아 동탑도 서탑과 같은 크기와 형태의 석탑이었으리라 짐작된다.

동탑의 남은 일부 부재는 붕괴된 상태로 계곡에 흩어져 있던 것을 수습하여 금당터와 서탑 사이에 모아두었다.

불상대좌에 사자가 춤을 추고 있다.

> "부처님 설법의 위엄은 마치 사자가 부르짖는 것과 같으며, 그 해설은 우레가 울려 퍼지는 것처럼 청중들의 마음을 사로잡았다."

『유마경』에 나오는 이 구절은 부처님의 설법을 비유한 말인데, 뭇 짐승들이 사자의 울부짖음 앞에서는 꼼짝도 못 하듯이 석가의 설법 앞에서는 모두 고개를 조아릴 정도로 그 위력이 대단하다는 뜻으로 부처님의 설법을 사자후(獅子吼)라고 한다. 즉 석가모니를 사자에 비유하고 있다.

또 부처님은 세상에서 가장 높은 지위에 있는 분이므로, 부처님이 설법할 때 앉는 높고 큰 대좌를 사자좌(獅子座)라 한다.

이곳 장항리 사지에 불상대좌가 있는데 정면에 춤을 추고 있는 고부조(高浮彫)의 사자상이 있어 이 대좌 위에 모신 분이 부처님임을 알 수 있다.

금당 터에 있는 이 대좌는 위아래가 각각 다른 돌로 만들어져있다.

석불 대좌의 하대석은 팔각이다. 창 모양의 안상(眼象) 속에는 신장(神將)과 신수(神獸)를 번갈아 부조해 놓았는데 너무 많이 훼손되어 있는데, 오직 사자 한 마리가 춤을 추고 있는 앙증맞은 모습이 뚜렷하여 보는 이로 하여금 미소 짓게 한다. 사자는 부처님 나라를 지키는 신성한 동물인데 부처님을 모신 것이 기뻐서 춤을 추고 있는 것일까?

이곳 5층 쌍탑 1층 몸돌에 노래하고 춤을 추는 인왕상과 석불 대좌 하대석의 춤추는 사자상은 당시 신라가 태평성대였음을 웅변하고 있다.

이 석불 대좌의 상대석은 연꽃 16송이를 조각한 원형 연화대좌(蓮花臺座)이다. 앙련과 복련이 16송이씩 조각되어 있는데, 꽃이 금방 피어 한 송이 또 한 송이가 금방 터질 듯이 양각되어 있다.

대좌의 크기는 하대석이 높이가 0.6m, 최대 지름은 2.4m이며, 상대석은 높이 0.53m, 지름 1.84m이다.

대좌의 윗면에는 불상을 안치했던 깊고 큰 홈이 남아 있다. 그런데 금당에 비해 대좌가 매우 크다.

이 대좌 위에 있던 석조여래입상은 일제강점기 도굴꾼에 의해 크게 파손된 것을 1932년 서탑을 복원할 당시 국립경주박물관으로 옮겼다. 그 후 수습된 파편을 짜맞추어 시멘트로 보수하여 1975년

왼쪽은 장항리사지에 있는 석불 대좌. 사자가 오른팔을 머리에 대고 왼팔은 위로 뻗치고 있는데 박진감이 넘친다. 오른쪽 석불 상은 이곳 장항리사지에 있던 것을 국립경주박물관으로 옮겨 옥외에 전시하고 있다.

박물관 북쪽 야외전시장에 전시하고 있었다. 그런데 이 석불을 복원하는데 사용한 시멘트 및 접착재료가 시간이 흐르면서 보기 흉한 모습으로 변하고 주변 석재마저 오염시킨다는 판단에 따라 2009년 6월 해체하여 다시 복원하였다. 이 과정에 불상과 석질이 같은 장항리 현지에서 석재를 채취하여 복원의 마감재로 사용함으로 이질감을 크게 해소하였다. 하지만 당시에 새로 조성한 불상의 대좌가 영 어색하다. 장항리 사지 현지에 있는 대좌를 옮겨오거나 이를 모조하여 복원하였으면 하는 아쉬움이 있다.

이 불상은 광배 일부와 무릎 아래가 없어진 상태이나 머리와 얼굴의 모습, 광배의 화불(化佛) 등을 새긴 수법을 볼 때, 8세기경에 만들어진 여래입상(如來立像)으로 현재 높이는 3m이지만 실제로는 4m 이상의 큰 불상이었을 것으로 보인다. 이 불상을 안치하기 위한 금당은 중층 구조를 가진 건물이었을 것으로 추정된다. 본래 석가모니 부처의 키가 장륙(丈六, 1장 6척)이라고 불교 경전에서 전하고 있으니 이 불상도 장륙상이었을 것이다.

육감적인 가슴에다 허벅지 아래는 잘려 나갔다. 오른팔은 손목 부분만 남아 있고 왼팔은 파손되어 수인은 알 수 없는데 오른손 새끼손가락을 벌려서 아래로 향하고 있는 모습이 특이하다. 화불은 두광에 셋, 신광에 둘이 새겨져 있다.

장항리사지의 이 사찰은 호랑이의 은혜에 보답하기 위해 세워졌다.

사찰이나 암자의 창건 유래나 절터를 잡게 된 내력, 절 이름을 짓게 된 사연 등에 대한 이야기를 사찰연기설화라고 한다. 대체로 문헌으로 전해지고 있으나 구전도 많다. 문헌 자료는 대개 사찰 주변에서 볼 수 있는 사지(寺志)·사적기(事蹟記)·중수문(重修文)·비명(碑銘)·탑기(塔記) 등에 기록되어 전해진다. 『삼국유사』에는 64편이나 되는 사찰연기설화가 기록되어 있다.

이 절과 관련하여 문헌에 기록된 것은 없으나 인근 마을에 입에서 입으로 전해오고 있는 아름다운 이야기가 있다.

절 건너편 산에는 동굴 하나가 있다. 여기에는 절을 지키는 범이 한 마리 살고 있었다. 이 절 아래 사하촌에는 눈먼 장님 시아버지를 모시고 사는 젊은 홀 며느리가 있었다. 어느 날 고개 너머 친정집에서 잠시 다녀가라는 기별을 받고 시어른을 혼자 남겨둔 채 친정으로 갔다.

당일 안으로 일찍 돌아온다 하고 간 것이다. 친정에 갔더니 그녀의 친정아버지는 그녀에게 재가하기를 권하였다.

"앞 못 보는 시아버지를 두고 가면 그 죄를 다 어찌 하겠습니까?"

친정 아버지의 간곡한 말씀을 뿌리치고서 벌써 어둠이 깔린 길을 나섰다.

캄캄한 산모퉁이를 돌아서는데 앞에 커다란 호랑이가 길을 가로막고 서서 입을 딱 벌리고 있었다. 여인은 깜짝 놀라 당황하면서도 침착하게 호랑이에게 말했다.

"나를 잡아먹으려면 어서 잡아먹어라. 그렇지 않으면 나는 빨리 돌아가서 기다리고 계시는 시아버지께 저녁 진지를 지어 드려야 한다."

여인의 말을 듣고 호랑이는 고개짓을 자꾸 하면서 등에 업히라는 시늉을 하였다. 무서움을 참고 호랑이 등에 올랐더니 바람을 가르면서 쏜살같이 집까지 업어다 주었다. 너무 고마워서 집에 있는 강아지 한 마리를 주어 보냈다.

여인이 그날 밤 잠자리에 들었는데 이상하게도 탑정(塔亭)마을[9] 앞에 파놓은 함정에 그 호랑이가 빠져 허우적거리는 꿈을 꾸었다. 그녀는 벌떡 잠에서 깨어나 부랴부랴 초롱불을 켜들고 그곳으로 가보았다. 그러자 꿈에서 본 그대로 함정에 호랑이가 갇혀 있었다. 아마 건너편 산에 있는 보금자리 굴속으로 돌아가다가 빠진 모양이었다. 여인은 곧 집으로 가서 긴 막대를 가져와 함정에 걸쳐서 호랑이를 꺼내 주었다.

날이 밝자 이런 사실을 알게 된 마을 사람들은 잡아야 할 호랑이를 살려 주었다고 관가에 그 여인을 고발하였다. 원님은 여인을 불러서 왜 그와 같은 무모한 짓을 했느냐고 다그쳐 물었다. 그래서 여인은 사실대로 이야기를 다 하였다. 하지만 원님은 반신반의하면서 좀체 그녀의 말을 믿으려고 하지 않았다.

"그것이 사실이라면 그 호랑이를 한번 타고 와 보면 내가 그 말을 믿겠다."

고을 원님이 이렇게 말하고 그녀를 돌려보내 주었다. 하는 수 없이 그 여인은 관가를 나와 다시 그 동굴을 찾아갔다. 마침 호랑이가 기다렸다는 듯이 지키고 있었다.

여인은 딱하게 된 자신의 사정 이야기를 하였다. 그랬더니 호랑이는 말을 알아들었다는 듯이 등을 여인 앞에 내밀면서 업히라는 시늉을 하였다. 이렇게 해서 그 여인은 정말 호랑이 등에 업혀 관가 안으로 들어갔다. 원님을 비롯한 나졸들이 모두 크게 놀랐다. 이 이야기를

---

9) 이곳 장항리사지가 있는 자연부락이 탑정마을이다.

전해 들은 사또는 눈먼 시어른을 모시는 효심 때문에 하늘이 감동한 것이라고 하여 후하게 상금을 하사하였다.

그러나 여인은 그 돈을 한 푼도 쓰지 않고 장항리 탑정마을에 이 절을 지었다. 호랑이가 살았던 굴이 있는 이웃 마을 이름이 바로 범골이다.

범골마을은 이곳 장항리사지에서 직선거리 약 1.2Km 북쪽에 있다. 석굴암 바로 아래 골짜기에 있는 마을로 위에 있는 마을이 상범, 아랫마을이 하범이다. 옛날 이 마을에는 범이 자주 출몰하여 호곡(虎谷)이라 하다가, 나중에는 범곡, 범실로 바꾸어 부르게 되었다고 한다.

또 다른 이야기로는 이 마을 건너편 동굴에 큰 이무기가 살았는데, 이 이무기가 절에 있던 스님들을 모두 잡아먹고 허물을 벗은 다음, 용이 되어 승천(昇天)하였다고 한다. 그 후 아무도 없던 이 절은 세월이 지나면서 허물어지게 되었다는 것이다.

낭산(狼山) 중생사(衆生寺)는 중생사(衆生寺) 인가?

낭산 중생사 전경

낭산 서쪽 기슭 능지탑(陵只塔) 북쪽 약 300m 지점에 낭산중생사란 이름의 절이 있다. 절 안내 표지가 큰 도로변 입구에 있고 능지탑 길가에도 있다. 이 절이 신라시대 중생사인지 확실하지 않으므로 이곳을 낭산 중생사로 부른다.

중생〈衆生, sattva, living things〉이란 인간을 비롯한 생명이 있는 모든 존재를 뜻하는 불교 용어인데, 중생사와 관련된 기이(奇異)한 이야기가 『삼국유사』 여러 곳에 기록 되어 있다.

중생사가 언제 창건되었는지에 대한 정확한 기록이 없으나 남아 있는 석조물로 보면 통일신라 8세기에 창건된 것으로 짐작하는데, 선덕여왕을 위하여 지은 절이라는 생각에 조선시대에는 선덕사(善德寺)라 불렀다고 한다. 중생사는 고려 말에 재난을 당하여 불타버렸다는데, 현재까지 이 절터 말고는 중생사라 확실하게 밝혀진 곳은 없다.

중생사는 관음보살이 영험하였다는 삼국유사의 기록으로 보아, 낭산 중생사 부근에서 발견되어 국립경주박물관에 옮겨진 석조관음보살상(石造觀音菩薩像) 2구(軀)가 있었으므로 여러 가지 정황으로 보아 낭산 중생사가 신라시대 중생사가 있었을 가능성이 매우 크며, 지금도 절터에는 마애지장보살상(磨崖地藏菩薩像)과 석탑 석등 주춧돌 등 많은 석조 유물이 남아 있다.

중생사와 낭산 중생사에는 사연이 많다.

낭산 중생사는 신라시대 중생사가 있던 자리에 세워진 절인지 확실하지 않은데도 왜 굳이 중생사라 이름 지었을까?

1940년대에 낭산 중생사는, 안순이(安順伊)라 하는 보살이 개인 사찰을 세우고 선덕사(善德寺) 혹은 선덕정사(善德精舍)라고 불렀다고 하는데, 안순이 보살은 배반동 주민들과 뜻을 모아서 선덕여왕릉을 보수 하였다고 하니 선덕여왕을 추모하는 마음도 남달랐던 것 같다. 그래서 지은 절의 이름을 선덕사라고 했던 것 같다.

1980 년대에는 이 절을 도문(道文)스님이 매입하여 '중생사'로 이름을 바꾸었다. 도문스님은 불교 대중화에 노력한 큰 스님으로 낭산 '중생사' 이후에 부산 천마산에도 '중생사'를 열었으며, 네팔의 룸비니에 '대성석가사'를 열게 하였고 조계종 원로회의 의원으로

활동하신 대종사(大宗師)이다. 고등학생 · 대학생 불교학생회 조직 및 운영 등을 통하여 뜻있는 젊은이들, 특히 학생 포교에 노력하신 분으로 조계종 정토회 법륜스님, 문경 한산사 용성선원장 월암스님과 전 동국대총장인 보광스님, 부처님의 탄생지인 네팔의 룸비니에 대성석가사를 짓고 운영하고 있는 경주 출신의 법신스님을 분황사와 낭산 중생사에서 출가시킨 은사스님이다.

도문스님은 선덕사를 인수할 당시 '낭산 중생사' 일대에서 발견된 여러가지 유물 등을 고려하여 이곳이 신라시대의 '중생사'가 있었던 곳으로 생각하나, 확실하지 않으므로 '낭산 중생사'로 바꾸어 이름 지은 것이 아닌가 짐작한다.

그런데 왜 이 절터에 그런 생각을 담았을까?

이곳은 선덕여왕릉에서 북쪽으로 직선거리 약 600m 지점에 있고 중간지점에는 당시에는 지금의 '능지탑(陵只塔)'이 허물어진 채로 있었다.

'낭산 중생사'의 마애불은 본존불 좌우에 신장이 협시로 있는 것이 이색적이며 현재는 암벽의 균열이 심하여 특히 협시보살(脇侍菩薩)의 경우 육안으로 식별하기가 어려운 형편이다. 마애보살상의 본존불은 모자를 쓴 형상으로 되어 있고 특이하게도 좌우 협시보살은 무복(武服)을 입고 손에는 무기를 들고 있는 신장상(神將像)의 모습이라서 모자를 쓴 선덕여왕을 좌우에서 모시는 형상으로 상상한 듯하다.

중생사는 고려말에 왜구의 침입으로 영흥사(永興寺)와 함께 불타서 없어졌다고 하는데 『삼국유사』에 '중생사' 관음보살의 영험한 이야기가 있다.

첫째, 중국의 화공(畫工)이 신라에 와서 중생사(衆生寺)에 관음보살상을 만들었는데 나라 사람들이 모두 관음보살상을 우러러보고 기도하여 복을 얻었다고 한다.

낭산 마애지장전(현 중생사)

둘째, 신라 말 최승로의 아버지인 최은함(崔殷含)이 중생사 관음보살에 기도를 드려 최승로를 낳고 전쟁이 일어났을 때는 관음보살의 도움으로 아들을 구한 이야기와 최승로가 낭중(郎中) 최숙(崔肅)을 낳았고, 최숙은 낭중 최제안(崔齊顔)을 낳았는데 후일 최제안이 남산 천룡사를 지으니 중생사 관음보살이 경주 남산 천룡사를 짓게 한 셈이 된 것이다.

셋째, 중생사의 살림이 어렵게 되자 관음보살이 시주를 구해왔으며 법당에 불이 나자 관음보살이 스스로 절 마당으로 피신하였으며,

낭산 관음보살 입상 (국립경주박물관)

나쁜 사람들이 절을 빼앗으려 할 때 지혜를 빌려주어 절을 빼앗지 않도록 도와준 이야기가 있다.

또한 낭산 중생사와 관련해서 불교신문에 다음과 같은 기사가 있다.

경주 출신의 큰 스님인 '보광스님(전 동국대학교 총장)'은 출가 후 대학 2학년 당시 이곳 낭산 중생사에서 15일 동안 눕지도, 앉지도, 잠을 자지도 않으며 지장기도 철야정진(徹夜精進)을 한 적이 있다고 한다.

'7일이 고비였다. 한밤중 요사채의 코고는 소리, 잠꼬대 소리까지 들려왔지만 7일이 지나면서 소리에 끌리지 않게 됐다. 10일을 넘어서니 잡념이 사라지기 시작했다고 한다. 회향(廻向)하고 보니 몸무게는 10kg이나 줄어 있었다'고 한다.

"피골은 상접해 있는데 마음엔 분명한 변화가 있었습니다. '마음이 가볍다', '마음이 맑다'라는 선지식들의 일언을 조금은 이해할 수 있었습니다."

어렸을 때의 관세음기도와 청년 시절의 지장기도 체험이 '보광스님'으로 하여금 정토염불 정진의 길로 들어서게 한 것으로 보인다. '보광스님'이 염두에 둔 '부처님 마음'이란 어떤 것일까?

'낭산 중생사'는 큰 불사를 열지 않아 절은 소박하나 오히려 정감 있고 깨달음을 얻을 수 있는 절이라고 생각한다.

현대의 큰 스님들이 이곳에서 출가하였고 깨달음을 얻었기 때문이다. 우리나라 불교의 흐름을 이끈 절이 '낭산 중생사'이고, 그 바탕에 신라시대 '중생사'의 흐름이 꾸준히 이어져 오고 있는 것이라는 생각이 든다.

'중생사'는 신라시대의 절로 고려 말기에 왜구의 침입으로 영흥사와 함께 불타서 없어졌다고 하는데 이곳을 '중생사'라 하게 된 까닭은 『삼국유사』의 「삼소관음중생사조(三所觀音衆生寺條)」와 「천룡사조(天龍寺條)」의 이름을 빌려 '중생사'라 하고 있는 것이다. 근거로 현재 경주박물관뜰에 있는 낭산관음보살입상과 미술관에 전시 중인 석조관음보살입상이 이 절터에 있었다는 것도 근거가 된다.

삼소관음보살(三所觀音)이란 동해 바다에 떠 있는 향나무로 세분의 관음보살상을 만들어 '중생사(衆生寺)' '백률사(栢栗寺)' '민장사(敏藏寺)' 세 곳에 봉안하였다고 하여 삼소관음보살이라 하였다. 삼소관음은 많은 이적(異蹟)을 행하였다는데, '민장사'와 '중생사'는 불타 없어지고 '백률사'의 관음보살상은 조선 태종12년(1412년) 경기도 구리시의 검암산(檢巖山) '개경사(開慶寺)'가 왕실의 원찰이 되면서 옮겨 갔는데 그 뒤 개경사가 없어지면서 어디로 갔는지 알 수 없다.

'낭산 중생사' 뜰에 모아놓은 석탑의 부재들과 주춧돌, 연화대좌 등의 유물도 통일신라시대 8세기에 제작된 것으로 우수하며, 특히 삼단팔각연화대좌(三段八角蓮花臺座)는 지면과 닿아 있는 아래쪽 즉 하대와 팔각기둥 모양인 중간 부분이 하나의 돌로 되어 있어 특별한 가치가 있다.

석조 유물 (현중생사)

신라 최초의 궁궐터, 경주 창림사

창림사지(昌林寺址)는 박혁거세 탄생 설화가 전해 내려오는 나정(蘿井)에서 남간마을과 남간사지(南澗寺址)를 지나 논길로 쭉 걸어가면 왼쪽에 있다. 창림사지는 사적으로 지정되어 있고, 행정구역상으로는 경주시 배동 산 6-2번지이다.

창림사지와 관련된 문헌 기록은 『삼국유사』, 『삼국사기』, 『고려사』, 『신증동국여지승람』 등에서 볼 수 있다. 『삼국유사』 권 제1 기이 제1 신라시조 혁거세왕조에 나정의 알에서 나온 동자와 사량리 알영정에서 나온 동녀를 위하여 궁실을 남산 서록에 세웠다. 이때 남산 서록이 지금의 창림사이며, 창림사는 두 성아를 받들어 모시는 궁성의 역할을 하였다고 한다. 그러나 최근 발굴조사에서 궁성의 흔적은 찾아볼 수 없다고 한다.

「계림문화재연구원」의 창림사지 발굴조사 보고서에 의하면, '창림사지는 남산 기슭에 4개의 단으로 이루어져 있는데, 맨 위에는 보물로 지정된 3층석탑이 있고, 그 아래는 건물지와 담장, 또 그 아래는 쌍귀부 대좌가 있으며, 맨 아래 농지에는 중문지, 쌍탑, 금당, 강당이 남북 일직선상에 위치한 통일신라시대 쌍탑 가람배치를 확인하였다.'고 한다.

발굴조사 전 석탑재, 주춧돌, 석등대석, 창림명(昌林名) 기와편과 법화경석편 등 유물이 발견된 바 있다.

머리와 비신이 없는 창림사지 쌍귀부

경주에는 세 곳에서 쌍귀부 비석 받침을 볼 수 있다. 신라 최초의 궁궐터인 창림사지와 원성왕의 명복을 빌던 숭복사지(崇福寺址), 그리고 삼국통일의 위업을 기리고 무기와 투구를 묻고 그 자리에 절을 지웠다는 무장사지(鍪藏寺址)이다. 이 세 절은 모두 신라왕실과 관련된 절이었다는 공통점이 있다.

머리와 비신이 없는 창림사지 쌍귀부

창림사지에 남아있는 귀부는 특이하게도 거북이 2마리가 조각되어 있다. 가로 1.86m, 세로 1.63m 되는 사각대석 위에 두 마리의 거북이 큰 비석을 얹고, 고개를 치켜든 모습으로 앞을 향해 기어가는 모습을 조각한 귀부이다. 현재 두 마리 모두 머리가 떨어져서 없고, 그중 한 마리의 머리는 국립경주박물관에 보관되어 있고, 나머지는 행방을 알 수 없다고 한다. 잔등 위에는 나비 88㎝, 두께 19㎝의 비신을 꽂았던 비좌(碑座)의 흔적이 남아있다. 비신에는 신라의 대서예가 김생의 글씨가 새겨진 비문이 있어 당(唐)에까지 알려졌으나 지금은 없다.

김생은 신라 제33대 성덕왕 10년(711) 신해년에 태어나서 80세가 넘도록 붓을 놓지 않았으며, 예서, 행서, 초서 등에 모두 뛰어난 명필이었다고 전한다. 김생이 80세 되던 해는 원성왕 7년(791)으로 따라서 비석은 8세기 말엽에 세워졌음을 알 수 있다.

팔부중상(八部衆像)이 새겨진 창림사지 삼층석탑

경주 창림사지 삼층석탑은 2015년 3월 9일 국가지정문화재인 보물로 지정되었다.

절터 위쪽에 우뚝하게 솟아 있는 삼층석탑은 남산에서 가장 큰 석탑이다. 상륜부가 없어졌음에도 높이 6.5m에 달한다. 상륜부까지 고려한다면 9m에 이르는 거대한 탑이다.

탑은 2중 기단에 삼층석탑으로 무너져 있던 것을 1976년 복원하였다. 복원 당시 결실된 2층과 3층 탑신석과 기단면석 등 일부는 신재로 보충하여 기단부와 탑신부만 복원하였고 상륜부는 노반부터 모두 결실된 상태이다. 상륜부 부재 중 앙화(仰花)와 복발(覆鉢), 보륜(寶輪) 2매는 국립경주박물관에 보관되어 있다.

하층기단에는 한 면에 3개씩 탱주(撑柱)가 있고, 하층기단갑석은 호각형(弧角形) 2단 상층기단면석받침이 모각(模刻)되어 있다. 상층기단면석에는 탱주 1개로, 각 면에 2구씩 팔부중(八部衆)이 모각되어 있었으나 현재는 남면에 아수라(阿修羅), 북면에 건달파(乾闥婆), 서면에 천(天) 과 룡(龍)으로 4상(像)만 남아있고, 나머지는 결실되어 신재로 보충하면서 조각은 하지 않았다.

창림사지 삼층 석탑

상층기단갑석의 상면에는 각형 2단 1층 탑신 받침이 모각되어 있고, 1층 탑신석 4면에는 문비(門扉)를 표현하였는데, 중앙에 상하로 음각선을 넣어서 쌍문으로 표현하였다. 그리고 중앙 좌우에 운주형(雲珠形) 걸이에 둥근 고리를 못으로 고정한 것처럼 표현하였다. 문은 너비는 38㎝, 높이는 102㎝이다. 탑신석은 1층에 비해서 2층과 3층이 현저하게 줄어들었고, 옥개받침은 5단이고, 상면에 각형 2단 탑신받침이 모각되어 있다.

탑은 하층기단면석에 탱주 3주, 상층기단면석 팔부중 등의 조각수법과 각 부재의 세부 형식 등으로 미루어 볼 때, 신라시대 삼층석탑의 전형적인 모습을 보이고 있어 8세기 대에 건립된 것으로 추정된다.

창림사 무구정탑원기(無垢淨塔願記)

창림사의 연혁을 알 수 있는 자료로는 추사 김정희가 임사(臨寫)한 창림사 무구정탑원기가 있다. 이 무구정탑원기는 대중 9년(문성왕 17년, 855)에 현세와 내세에서의 공덕을 쌓기 위하여 무구정탑을 조성하였다는 내용을 담고 있어 기록상 9세기 중엽 이전에 창건된 것으로 추정된다.

또한, 고려시대인 1021년 5월 상서좌승 이가도에게 명하여 경주 고선사에 있는 금라가사(金羅袈裟)와 부처의 정수리뼈와 창림사에 봉안되어 있던 부처의 어금니를 가져와 내전에 안치하였다고 한다. 이를 보아 적어도 이때까지 사찰이 유지되었음을 알 수 있다. 그러나 『신증동국여지승람』에 김생이 쓴 창림사 비문이 있었으나 없어졌고, 금폐(今廢)라고 기록한 것으로 보아 조선 전기에 폐사(廢寺)되었거나 임진왜란 이후 17세기 중후반경에는 폐사된 것으로 추정된다.

이 무구정탑원기의 원본은 행방은 알 수 없었고, 최근까지 김정희의 모사본만 전해오다가 2012년 2월 대한불교조계종 산하 불교문화재연구소에서 한국의 사찰문화재 일제조사를 수행하는 과정에서 경기도 화성 송산동 188번지에 소재하는 용주사 효행박물관에 보관 중이던 창림사지 삼층석탑에서 출토된 '국왕경응조무구정탑원기(國王慶膺造無垢淨塔願記)' 동판을 확인하였다. 무구정탑원기 원본은 가로 38.2㎝, 깊이 22.4㎝의 동판에 음각으로 전면에는 탑을 세운 내력과 바램을 적고, 뒷면에는 탑을 세울 때 관여한 사람들을 기록하고 있다.

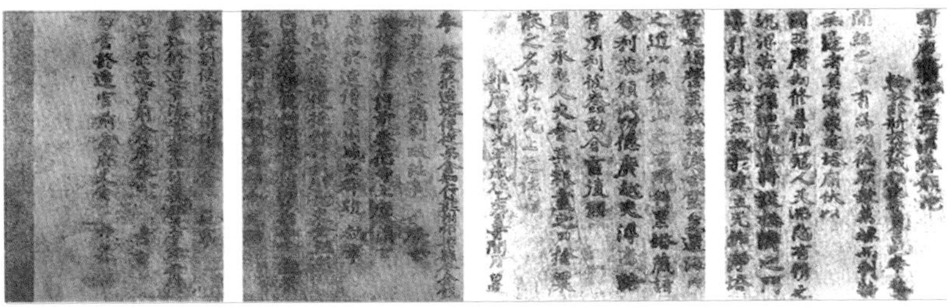

창림사지 무구정탑원기 김정희 모사본
(출처 : 계림문화재연구원논문자료집)

현재 복원된 창림사지 삼층석탑의 사리공은 지름 33㎝, 깊이 24㎝의 완형(椀形)으로 '무구정탑원기' 원본이 사리공에 들어갈 수 없다. 그러나 탑원기가 꼭 사리공에 들어가야 되는 것은 아니다. 사리공에 사리장치를 넣고 그 위에 올려놓을 수 있었다고 한다.

또한, 2017년 발굴조사 시 현존 3층 석탑 아래 평지에서 쌍탑지가 확인됨으로써, 창림사에서 확인된 탑은 아랫부분의 쌍탑지와 구릉 위의 현존 삼층석탑을 포함하여 모두 3기의 석탑이 있었음을 알 수 있다. 따라서 무구정탑원기는 세 탑 중 어느 탑에서 출토되었는지 알 수 없다.

현재는 남산기슭, 사지 언덕의 높은 곳에 석탑 한 기, 그 아래 쌍귀부 등과 발굴 흔적만이 남아 있을 뿐이다. 그러나 창림사지는 이천 년 전에는 신라 최초의 궁궐이 있었던 신라의 1번지였던 곳이다. 물이 흘러가듯, 구름이 흘러가듯, 훗날의 창림사지는 어떤 모습을 하고 있을는지……. 오늘도 역사는 쉼 없이 흐르고 있다.

천관 아가씨는 어디로?

사랑의 흔적

꽃샘추위도 아랑곳없다.
황홀한 사랑은 천년을 뛰어넘는데
아! 들판에 흐르는 이 처절함은 무엇인가?

잔디로 조성된 넓은 사지, 석탑 뒤로 도당산과 남산이 보인다.

아직은 봄이 이르다.

좀 익은 3월, 반월성 남쪽 문천을 따라 월정교를 지나서 천원마을

우물이 있던 곳을 표시만 해 두었다.

입구에 들어선다. 밭둑길을 조금 걸어가니 눈앞에 도당산이 나타난다. 남산도 가깝게 보인다.

몇 년 전에 왔을 땐 주변이 온통 논밭이었는데…

잔디 조성이 된 사지(寺址)가 그 때보다 더 쓸쓸하다.

그 가운데 한 기의 탑이 외로이 서 있다.

지금은 건물지와 석등이 있었던 자리, 우물터까지도 안내가 되어있다.

과거 안내판에는 이렇게 적혀 있었다.

〈이 절터는 신라시대 김유신이 사랑하던 기생 천관의 집을 절로 바꾼 곳이라 전한다. 김유신은 어머니 만명(萬明)부인의 엄한 훈계를 명심하여 함부로 남과 사귀지 않았지만, 하루는 우연히 기생 천관의 집에 유숙하였다. 그러나 어머니의 훈계를 들은 뒤 천관의 집에 들르지 않았다. 그 후 어느 날 술에 취하여 집으로 돌아가던 길에 말이 이전에 다니던 길을 따라 천관의 집에 이르렀다. 김유신은 잘못을 깨닫고 타고 갔던 말의 목을 베고 말안장도 버린 채 돌아왔다. 훗날 김유신은 삼국을 통일 한 뒤 사랑하였던 옛 여인을 위하여 천관의 집터에 절을 세우고 그녀의 이름을 따서 천관사라 하였다.〉

애달픈 사랑 이야기를 좀 더 살펴보자.

김유신이 청년시절 화랑이 되었을 때 천관(天官)이라는 주막집 아가씨를 사랑한 적이 있었다. 하루는 유신의 어머니 만명부인(萬明夫人)이 아들을 불러 앉혀놓고 따졌다.

"들으니, 너 요즘 천관이라는 술집여자에게 빠져 마땅히 해야 할 공부를 소홀히 한다는데 그게 사실이냐?"

"예, 그렇심더."

"그래? 남자가 여자를 좋아하는 것은 인지상정이지만 너는 나라를 위한 큰 기둥이 되어야 하고 가야김씨 집안의 대들보 역할을 해야 할 처지인데 한 여자에게 마음과 시간을 빼앗겨서야 되겠느냐?

한참을 생각한 유신이 "어머니! 앞으로는 천관을 만나지 않겠심더." 하고 다짐했다.

그 후로 천관의 집에 얼씬거리지 않던 유신이 하루는 수련을

절이 있었던 흔적

마치고 술에 취해 말안장에 앉아 조는 사이에 말이 천관이네 집으로 뚜벅뚜벅 걸어갔다.

행여나 오시는가 학수고대하던 차에, 귀에 익은 말발굽 소리가 들리는지라, 버선발로 뛰어나온 천관이 반가이 맞이하자 눈을 뜬 김유신은 말없이 말에서 내려, 보검을 빼어들고 단칼에 애마의 목을 내리치고는 피 묻은 칼자루를 칼집에 넣으면서 뒤도 돌아보지 않고 저벅저벅 걸어가 버렸다.

너무나 갑작스럽게 당한 일이라 가슴이 미어지도록 서러웠다. 남아에게는 꿈이 있고 야망이 있겠지마는 여인에게는 오직 사랑뿐이다. 천관은 울고 또 울었다. 김유신이란 큰 그릇은 분명히 한 여인이 소유할 인물은 아니었다. 나라가 필요로 하는 인물이었다. 천관은 모르는 바 아니었지만 사나이의 이러한 결단이 너무나 원망스러웠다. 그러나 시간이 흐른 뒤 마음을 가라앉힌 천관은 유신의 높고 깊은 뜻을 만분의 일이라도 알 것 같아 조용히 마음을 가라앉히고는 머리를 깎고 비구니가 되었다. 그리하여 사랑하는 이, 나라의 기둥이 될 낭군의 그 큰 뜻이 성취되도록 부처님께 빌고 또 빌었다. 원망도 하고 그리워도 하면서 살다가 결국은 사무치는 정을 이기지 못해 스스로 목숨을 끊고 말았다.

세월은 흘러 피비린내 나는 싸움은 끝나고, 김유신 장군은 마침내 삼국을 통일하는 대업을 완수하였다. 나라가 평온하여 백성은 태평성대를 노래하고 있을 때, 산전수전 다 겪고 희끗한 머리에 어느덧 이마엔 주름이 잡힌 모습의 유신은 조용히 지난날을 되돌아보았다. 그리고 불현 듯이 천관을 생각해 냈던 것이다. 당시 천관의 집은 유신의 집에서는 문천(蚊川)[10] 넘어 지척에 있었다. 수소문하여 보니, 그녀는 유신 자신을 위해 중이 되었다가 지금은 이미 이 세상 사람이 아니었다.

지그시 감았던 눈을 뜬 그는 젊은 날의 천관이 살았던 집을 찾아가 집을 헐고 천관을 위해 절을 지었으니 그 절이 바로 천관사(天官寺)였다.

---

10) 지금의 남천(南川)

이상은 고려 중기 이인로의 파한집(破閑集)이 전하는 설화를 바탕으로 하였다.

천년 하고도 몇 백 년이 더 지났건만 처절한 사랑은 가슴 아프다.

익숙한 길을 가는 여유 있는 말굽소리~

땀에 섞인 술 냄새~

버선발로 뛰는 여인의 치마소리~

코가 먹먹한 분 내음~

그리고,

칼집에서 빠져 나오는 긴 칼의 금속성!

거대한 준마의 단말마!

피비린내가 모든 것을 덮어 버린다.

복원된 건축물로 유일하다

탑신과 옥개석이 팔각형이다

지금의 천관사지

2000년부터 여러 차례 발굴 조사하여 천관사 건물터와 탑의 터, 담장, 석등, 우물 등을 확인하였다. 또 천(天)자명 명문기와 소형 금동여래입상을 비롯하여 530여 점에 달하는 다양한 유물이 출토되었다. 『신증동국여지승람(新增東國輿地勝覽)』에 오릉 동쪽에 있다는 기록으로 이곳을 추정하고 있다.

최근에 경주시가 남아 있던 탑의 몸돌과 바닥돌 부재를 참고하여 사각형의 바닥돌 위에 팔각형의 몸돌을 얹은 삼층석탑 1기를 복원하였다. 이 탑은 지붕돌 밑면의 받침이 연꽃 모양으로 된 점이 독특하다.

탑신과 옥개석이 팔각형인 탑은 경주에서 유일한 형태이므로 앞으로 많은 탐방객이 이 절터를 찾지 않을까 생각한다.

그리고 김유신과 기생 천관의 사랑에 대해 이야기 하겠지?

떠난 절과 남은 탑, 경주 천군동사지

여기 이 탑, 한 곳을 향해 가는 도반일까 부부일까

안거(安居)를 끝 낸 두 스님, 걸망 메고 산문을 나서 길을 간다.

산문을 나서 내려가는 두 스님 무슨 얘길 나눌까…

스님답게 사는 얘기이거나 부처님의 깨달음을 구하는 얘기일까. 천 년을 넘게 달려온 길보다 가야할 길이 더 멀어보이는 두 도반, 길을 멈추고 선 자리에서 진리를 밝혀주는 스승의 역할을 지금껏 하고 있다.

아니다. 같은 곳을 향해 함께 가는 부부의 뒷모습이다. 오랜 세월 함께 걸어온 익숙한 걸음걸이가 손을 맞잡지 않아도 순박하고 듬직한 모습이다. 커다란 보따리를 머리에 이고 가면서도 균형잡힌 걸음걸이의 아내와 어깨가 무거울 봇짐을 멘 채 아내와 발을 맞춰 걷는 남편의 모습에서 언제까지인지 모르지만 험한길 꽃길을 함께 하는 부부의 편안한 마음의 냄새를 짐작케 해준다.

여기 이 탑, 경주천군동 동·서삼층석탑! 쌍탑이다.

한 곳을 향해 함께 가는 도반일 것 같기도, 아니 함께 같은 곳을 향해 가는 부부일 것 같기도.

얼마나 많은 세월을 함께 왔을까, 앞으로 또 얼마나 함께 가야 할까. 깨친 지혜가 걸망 속에 들었겠지, 삶의 진정한 의미가 보따리와 봇짐 속에 들었겠지.

어떤 삶들이 살고 갔을까, 천군동사지

국도 4호선 경감로가 경주 보문단지에 있는 경주월드 옆을 지날 때 남쪽으로 고개를 돌려보면 저만치 고즈넉하게 솟아있는 쌍탑을 볼 수 있다. 경주월드 옆 천군네거리 부근에서 탑을 목표삼아 200여m 남짓 마을길로 들어서면 바로 조금 전 경감로에서 보았던 그 탑 앞에 도착할 수 있다.

일반적으로 절에 가야 탑을 볼 수 있듯, 탑이 있어 여기에도 옛날의 절터임을 알 수 있다. 절터 주변의 넓은 들판은 모두가 논이나 밭으로 농사를 지었던 흔적을 쉽게 볼 수 있는데 문화재 발굴을 하느라 파 놓은 흙무더기가 군데군데 솟아 있고 한켠에서는 아직도 과수나무가 햇빛속에 제 색깔을 피워내고 있다. 그래서 옛 절터의 모습을 둘러볼 수는 없다. 훗날 어디쯤에는 어떤 삶들이 살고 갔는지 생각하고 가늠해 보며 돌아볼 수 있는 날이 있겠지.

이 절터는 서라벌의 여느 폐사지처럼 절에 대한 기록이 남아 있지 않아 마을 이름을 따서 '경주천군동사지'라 이름 붙이고 사적(史蹟)으로 지정하여 관리하고 있다.

'천군(千軍)'이란 이름을 보면 이 사찰은 군사적인 성격을 띠고 있다고 볼 수 있다. 보문호자리는 호수가 축조되기전 알천이라 불리어진 큰 하천이 흐르고 있었고 그 건너편에는 북군이라 불리는 동네가 있음에 견주어 추측해 볼 수 있다.

기록에 의하면 일제강점기인 1938년에 일본인에 의해 처음으로 발굴조사를 실시하였다고 한다. 발굴 결과에 의하면 이 절의 건물 배치는 전형적인 쌍탑 1금당식 건물 배치로 신라시대의 가람배치 양식을 취하고 있으며 금당 좌우에 회랑이 없는 것이 특이하다고 한다.

신라가 통일을 이룰 즈음 한반도에는 1탑이 아닌 2탑(쌍탑)배치의 새로운 가람이 등장하였으며 쌍탑가람은 통일신라를 대표하는 상징물이라고 부산대학교 고고학과 양은경교수는 말하고 있다.

신라의 사찰 중 정확하게 가람배치가 알려진 것은 생각보다 적다고 한다. 황룡사지, 감은사지, 불국사, 그리고 이 천군동사지 정도라 한다.

천군동사지 치미
(사진출처 : 한국의사지 현황 조사보고서, 국가유산청, 2015)

이 절은 조사 결과 중문터, 금당터, 강당터가 확인이 되었다. 중문 터는 주춧돌 몇 개와 적심석 등이 남아 있었으나 건물의 규모는 분명한 파악이 어려웠다고 한다. 본존불을 모신 절의 가장 중심이 되는 법당인 금당 터는 일부의 바닥돌(지대석)과 받침 부분의 규모만이 확인되었으며 강당 터에는 주춧돌은 발견되지 않았고 동·서·남쪽 면에서 적심석이 확인되어 기둥 사이의 간격을 알 수 있었다고 한다.

이 발굴 조사를 하였던 일본인 요네다 미요지[米田美代治]씨는 발굴 결과를 토대로 복원 안을 작성하였다고 하는데 그에 따르면 금당은 앞면과 측면 모두 5칸, 강당은 앞면 8칸에 측면 3칸, 그리고 중문은 앞면 3칸 측면 2칸이었다고 한다. 전체 절터의 규모는 중문에서 강당까지 남북이 79m, 동서가 61m라고 한다.

한편 발굴시 출토된 유물은 대부분 기와종류들이었다고 하며 이때 발굴 복원된 망새(치미)는 높이가 58㎝로 국립경주박물관에 소장되어 있다.

(구)문화재청에서 발간한『한국의사지 현황조사보고서』(2015)에 의하면 1924년 사지 주변에서 '玄閣寺'라 새겨진 기와조각이 수습되었다는 기록이 있다.

통일신라 석탑의 건실함을 보여주는 천군동 동·서 삼층석탑

천군동사지임을 알려주듯 평평하고 너른 들판에 있는 2기의 삼층석탑이 동·서로 서로 마주보고 서 있는데 보물로 지정되어 있다.

너른 들판에 서 있는 탑은 보통 높아 보이나, 서쪽의 그다지 높지 않은 명활산과 남쪽의 옹기종기 붙은 마을 주택, 그리고 동쪽에 높이 솟은 경주타워에 에워싸인 이 탑은 멀리서 보면 고즈넉한 느낌을 준다.

천군동사지 동·서삼층석탑

동탑의 높이는 6.7m,

서탑의 높이는 7.7m로 세월의 풍파에 따라 둘 다 온전치는 못하나 서탑이 동탑에 비해 그나마 잘 남아있는 편이다. 두 탑은 외관상 거의 비슷해 보이며 탑의 아래쪽 기단부는 2중으로 되어 있고 탑신부가 3층으로 전형적인 통일신라의 석탑이라고 한다. 서탑의 꼭대기에는 상륜부가 일부나마 남아 있으나 동탑의 상륜부는 없어진 것을 볼 수 있다.

1938년, 천군동사지 발굴시 무너져 흩어져 있던 탑편들을 모아 복원한 이 탑은 복원 당시 파손이 심했던 기단부는 일부 새로운 부재로 보충하거나 필요한 부분은 시멘트 몰타르로 채운 것을 볼 수 있다. 복원시 3층 탑신부에 사리공은 확인했으나 사리장엄구는 발견되지 않았다 한다. 통일신라 석탑의 건실함을 잃지 않은 장중한 느낌을 주며 8세기에 건립된 것으로 보인다고 안내판에서 알려주고 있다.

삼국사기에 따르면 통일신라시대의 교육기관이었던 국학에서 산학(算學)을 가르쳤다고 한다. "신라가 수학을 뛰어나게 응용한 분야 중 하나가 건축분야이다. 즉 건축에 기하학적 구도를 이용하여 전체적인 구성미를 창조했는데 망덕사지, 천군동사지, 불국사, 다보탑, 석가탑에서 찾아볼 수 있다"11)

이 천군동사지의 동쪽에는 경주세계엑스포공원이 자리 잡고 있는데 여기에는 황룡사9층목탑을 음각으로 형상화한 높이 82m의 경주타워가 세워져 있고 또 이 공원 정문 맞은편에는 황룡사9층목탑을 복원한 모습의 중도타워가 세워져 있어 옛 황룡사9층탑의

11) "통일신라시대의 수학" 한국브리태니커 온라인

모양과 위용을 느낄 수 있고 불국토를 꿈꾸던 옛 신라의 화려했던 불교문화를 이 천군동사지 삼층석탑과 함께 생각해 볼 수 있는 기회를 가져다 줄 것이다.

멀리서 두런두런 부처님의 나라를 서라벌에 수놓은 신라인의 목소리가 들리는 듯하다.

천년신라의 호국가람이었던 천룡사

속세와는 달리 경치나 분위기가 하늘아래 최고인 아주 좋은 세상을 비유적으로 표현한 말이 있다. 바로 '별유천지(別有天地의)!'

'살아있는 신라인'으로 불리었던 윤경렬선생이 이곳 천룡사터를 별유천지라 하였다. 그의 저서 『겨레의 땅 부처님 땅』에서 "이곳은 … 고개길인데 아무 변화없는 가파른 언덕이라 뒤를 보지 말고 꾸준히 올라가야 한다. 지루함과 숨가쁨을 참고 고원 등성이 위에 마지막 발을 딛고 올라섰을 때 천상의 별유천지(別有天地)가 눈앞에 펼쳐지니 이곳이 천룡사터이다"라고 하였다.

천룡바위 아래 고원의 명당자리 천룡사터

수리산[고위산.高位山] 정상 하늘에서 푸른 솔숲사이로 꿈틀대며 내려오는 듯한 한 마리 천룡의 모습을 닮아 천룡바위(=천룡암. 운도암)로 불리는 아래, 이렇게 높은 산 위에 드넓은 땅을 포근히 품고 있는 산중 평지, 고원이라 불릴만한 곳에 신라인들은 자리를 잡아 절을 짓고 탑을 세웠다.

고위산 정상에서 내려다 본 천룡사터

『삼국유사』의 「천룡사」조(條)에는 사찰의 위치를 다음과 같이 밝히고 있다.

> '경주 남산의 남쪽에 봉우리 하나가 우뚝 솟아 있는데, 우리말로 고위산(高位山)이라고 한다. 산의 남쪽에는 절이 있는데 속칭 고사(高寺) 혹은 천룡사(天龍寺)라고 한다'

천룡곡의 고원 분지에 자리한 천룡사터!

이곳에 발을 딛고 서쪽을 향해 보면 형산강[기린천, 麟川]변 내남 들녘의 너른 들판과 가물가물 보이는 산세가 멀리로 펼쳐지니 내가 선 이곳이 천상인가 싶기도 하다.

이곳 주변 연로한 분들의 이야기에 따르면 한때는 양잠업의 장려로

뽕나무를 심어 누에를 쳤다고도 하는데 어디 뽕나무 뿐이었을까 밭농사로 생업을 일구어 간 모습이 몇 남지않은 뽕나무와 함께 머릿속에 그림자를 만들지만 이와 함께 일구어지고 파괴되어 사라져 간 절터의 모습도 함께 오버랩된다.

이와같이 주민들의 생활터전이기도 했던 널찍한 이곳 천룡사는 상당히 높은 지역에 위치하고 있는데 신라인들의 산세-수세의 풍수를 바탕으로 한 산천숭배사상을 엿볼수 있을 것 같기도 하다.

천룡사는 호국가람이다.

윤경렬은 남산의 수많은 절터 중에서 이름이 확실하게 남아있는 세 절 중의 하나로 천룡사를 지목하고 있다.

일연은 『삼국유사』를 쓰면서 참고한 것으로 보이는 『토론삼한집(討論三韓集)』에 이런 내용이 있다고 했다.

> "계림의 땅에는 다른 곳에서 발원하여 흘러 들어오는 물인 객수 두 줄기와 거슬러 흘러오는 역수 한 줄기가 있는데 그 역수와 객수의 두 근원이 하늘의 재해를 진압하지 못하면 천룡사가 뒤집혀 무너지는 재앙이 있을 것이다."

이를 곱씹어보면 신라인들은 이 천룡사가 없어지면 나라가 망하게 된다는 생각으로 존경하고 숭배했다는 것을 알 수 있을 것 같다.

문무왕때 당태종의 사신 악붕귀(樂鵬龜)가 와서 보고 말하기를 "이 절이 파괴되면 나라가 망하는 것은 시간 문제다"라고 했다는 기록이 『삼국유사』에 있는 것으로 보아 이 또한 신라인들의 천룡사 존숭모습을 상상해 볼 수 있다.

이런 기록으로 보아 이 천룡사는 단순히 구복을 기원하는 이상향의 사찰을 넘어 호국의 간절한 염원을 담은 호국가람이라 할 수 있다.

천룡사터에 남아있는 불적(佛蹟)들

대 가람터라서일까, 이곳 천룡사의 모습을 흐릿하게나마 떠 올리게 하는 불적(佛蹟)들이 있는데 대표적인 것이 삼층석탑이요, 그 외 여러 석조 부재들이 모아져 있고 몇몇은 제 자리를 지키고 있는지 흩어져 있는 모습이다.

삼층석탑은 1990년 발굴되기 전까지는 밭 속에서 널부러져 있던 돌무더기에 지나지 않았다. 1990년 동국대학교 경주캠퍼스 박물관 조사단에 의해 조사, 1991년에 발굴 복원되었다. 이곳이 절터라는 것을 분명하게 보여주는 이 삼층석탑은 보물로 지정되어 있다.

천룡사지 삼층석탑

탑신의 여러 모습을 보면 통일신라후기인 9세기경에 세워진 것으로 보인다고 한다. 금당 앞에 세워져 있었을 아름다운 탑의 모습을 마음속에 그려 보면서 오늘도 경전

속 진리가 삶이 되기를 기원해 본다.

천룡사지 맷돌의 바닥돌

한편, 석탑의 북쪽에는 기단이 남아있는 금당터와 바로 뒤쪽에는 강당터로 추측이 되는 곳이라 하여 잘 정비하여 둔 모습을 볼 수 있다.

이 외에도 석탑옆에 지금은 모아져 있는 석등 하대석이며 간석(竿石)과 주춧돌들, 그리고 별도로 떨어진 곳에 석당을 세웠던 것으로 추정되는 머리도 없이 몸뚱이만 있는 돌거북, 절에서 사용하는 돌로 만든 수조 두 개, 맷돌은 3기가 확인되는데 밑판이2, 윗판이1이다,

어떤 부처님이 앉아 계셨을까 여덟 꽃잎의 꽃송이로 에워싼 연꽃대좌 등등, 기타 용도를 알 수 없는 석조물들이 남아있다.

대가람의 표시인 양 많은 석재들이 혼자 있거나 아니면 모아져 있다.

천룡사지에 남아있는 귀부와 석재들

현존하고 있는 이 석조는 하늘에서 땅으로 내려온 천룡의 머리 부분 바로 아래에 있는 우물과 연결되어 사찰의 생활용수로 사용되었을 것으로 생각된다.

이 모든 것들이 규모가 컸을 천룡사의 옛모습을 짐작케 해 주고 있다.

천룡사의 역사적 내력

천룡사는 창건시기는 알 수 없으나 『삼국유사』의 「천룡사」조(條)에는 사찰의 위치와 절이름의 유래 그리고 전설이 기록되어 있다.

삼국유사 「천룡사」조에 의하면, 어떤 시주하는 부부에게 천녀(天女)와 용녀(龍女)라는 두 딸이 있었는데 그 두 딸을 위해 절을 세우고 그 이름을 한 글자씩 따서 천룡사(天龍寺)라 이름 지었다는 기록이 있다. 그 당시 재력이 든든한 민간인이 창건했다는 이야기인데 시주하는 사람은 자식의 무엇을 위해 창건했는지 이유는 모르겠지만 자식에 대한 사랑은 예나 지금이나 같은 모양이다.

여기에 기록된 당나라의 사신 악붕귀에 대한 이야기는 천룡사의 창건 시기가 671년 이전이어야 하나 삼층석탑과 발굴당시 나온 석조 유구와 출토 유물의 제작시기 등 이런저런 상황을 고려해 본다면 천룡사는 통일신라 하대인 9세기 언젠가쯤에 창건된 것으로 볼 수 있다고 한다.

신라 말년 이전에 폐사가 된 절을 1040년(고려 정종6년)에 최승로의 손자인 최제안이 다시 일으켜 세워 특별히 임금님의 만수무강과 나라와 백성의 편안과 태평을 발원하였다는 것, 그리고 '석가만일도량(釋迦萬日道場)을 설치했다는 기록도 『삼국유사』에 등장하고 있다.

또 『삼국유사』에는 최제안이 천룡사에 남겼다는 신서(信書)의 내용도 기록하고 있는데 그에 의하면 천룡사에서도 절의 스님들 중에서 재주와 덕이 뛰어난 고승으로 기둥이 될 만한 사람을 뽑아 주지로 삼는다고 하였다.

또한 『삼국유사』의 「삼소관음중생사」조(條)의 설화에 의하면 최제안은 부처님과 깊은 인연이 있는 집안 출생인 점과 고려의 높은 벼슬에 올랐는 점 등을 생각하면 천룡사는 고려후기까지 법등이 이어졌을 것으로 생각해 볼 수 있다.

"삼국유사에 악붕귀를 출현시킨 것은 천룡사 중건의 명분을 보완하기 위한 것이다. 최제안은 천룡사의 지리적 위치가 국운이 직결된 곳이기에 천룡사를 중건해야 한다는 명분을 강조하였다"고 동국대학교 WISE캠퍼스 신라문화연구소발간 『신라문화』(2024년)에 등재하고 있다.

1530년에 발간된 『신증동국여지승람』에 '천룡사는 고위산에 있다'는 기록과 명문기와의 출토로 1539년 1548년의 보수 및 중수 기록, 1688년에 천룡사에서 『묘법연화경』을 발간하였다는 것으로 보아 천룡사는 조선 중기까지 규모가 크고 위상이 높은 절로 건재했음을 알 수 있다.

고려~조선조에는 많은 문인들이 방문하는 명승지로 이름을 떨친 것으로 보이는데 조선 중기 유학자 정시한(1625~1707)이 1686년부터 1688년까지 명산고찰을 답사한 뒤 쓴 『산중일기』에 당시 천룡사의 모습을 알려주고 있다.

2023년 7월 20일 「경주신문」에 실린 정시한의 산중일기 중 일부를 옮겨 적어본다.

> "1688년 5월 17일. 때때로 흐렸다가 맑았다.(중략)태양이 몹시 내리 쬐어 등에 땀이 흐르고 호흡이 급해져서 열 걸음을 가서 한 번 쉬면서 10여 리를 간신히 가서 절에 도착하였다. 스님 묘혜와 도신 등이 나와 맞이하였고 공루에 앉으니 서늘한 기운이 들어왔다. 불존 지초스님이 나와 보았고, 정원이 인도하여 불존 방에 이르러 저녁 식사한 뒤에 이내 잤다. 천룡사는 다른 곳에는 없는 볼거리가 있었고, 절 뒤쪽에 있는 바위 봉우리는 매우 수려하였다. 스님의 성품 또한 좋았다."

1832년에 발간된 『경상도읍지(慶尙道邑誌)』에 "천룡사재고위산금폐(天龍寺在高位山今廢)"로 기록된 내용이 있어 이즈음 어느 시기에 폐사된 것이 아닐까 생각된다.

천룡사가 9세기경 창건 되었다고 본다면 말 그대로 천년가람으로 이어져 왔음을 추측해 볼 수 있다.

지나간 과거는 되돌릴 수 없기에 수많은 가정과 상상을 낳는 법. 시간이 흐르면 모든 것은 망가지고 사라져 간다. 천룡사도 시절인연이 다 했던가.

인연이 다하면 우리도 늙고 병들어 사라지겠지.

경주시 강동면 안계리에서 태어났고 진사시에 합격한 몽암 이채(1616~1684)의 시(詩)를 『경주, 한시로 읽다』(조철제 저)에서 옮겨 적어본다.

천룡사에서 읊다

천년의 그윽한 옛 사찰 터(땅.地)에
4월의 아름다운 계절이구나
멀리서 찾아온 귀한 벗과 마주앉아
거나하게 술을 마시니 신선이로다
속세의 걱정일랑 모두 씻어버리자
본디 여긴 복을 비는 데가 아니거늘
밤 깊은 줄 모르고 정담을 나누니
산 위에 뜬 달 뜰 앞에 가득하다

천룡사는 이렇게 저렇게 이어져 왔을것으로 보이는데 2020년 11월 12일자 「경북일보」에 의하면 천룡사는 1819년(순조19년) 화재로 소실되었다 한다.

흘러가는 소리로는 유생들이 올라와 불을 질렀다고 하는데 그 진위는 알 수가 없다. 발굴시 화재의 흔적이 발견되었다는 이야기는 듣지 못했다.

왕실의 전용 사찰, 천주사(天柱寺)

서출지(書出池)를 거닐면서

남산의 동쪽 기슭에 통일전이 자리하고 있다. 통일전 주차장의 남쪽에 작은 연못이 하나 있는데 이 못이 서출지이다. 비록 작은 못이긴 하지만 이 연못이 가지고 있는 이야기는 매우 중요한 무게를 가지고 있다. 서출지는 말 그대로 글(문서)가 나온 못이다. 지금은

천주사 스캔들의 시작점, 서출지의 풍경
왼쪽 위의 'ㄱ' 자형 누각이 이요당(二樂堂)이다.

초여름의 향기가 가득하다. 못가에는 조선시대 건축한 이요당(二樂堂)이 못의 한쪽을 지키고 서 있어 못의 풍경이 한층 더 돋보인다. 초여름의 신선하고 참신한 초록빛이 어우러져 매우 멋스럽다. 못 주변의 못둑을 장식한 나무들과 못의 물빛과 물풀의 싱그러움이 보는 사람들의 발걸음을 멈추게 한다.

천주사의 이야기를 남산 동쪽의 작은 연못 서출지에서 시작하려 한다. 신라사의 한 페이지를 장식하고 있는 투서 사건의 시작이 여기서 이루어지기 때문이다. 그리고 그 배경에 천주사라는 절이 있다. 따라서 서출지는 천주사를 알아내는 중요한 배경이 된다.

열어 보면 둘이 죽고 열지 않으면 한 사람이 죽는다. (開見二人死, 不開一人死)

소지마립간(炤知痲立干) 10년(488년), 왕이 명활산성 거처에서 천천정(天泉亭)으로 나들이를 나섰다. 월성의 궁궐 건물을 수리하고 있었기 때문에 자비마립간 18년 춘정월에 명활성으로 이거하고 있었다. 나들이 도중 쥐와 까마귀가 와서 울었다. 쥐가 사람이 하는 말로 "까마귀가 날아가는 곳으로 가보시오."라고 하자, 왕이 옆에 있는 말 탄 기사에게 따라가 보라 명하였다. 이 기사가 까마귀를 따라가다 남쪽 피촌에 이르러 길가에서 돼지 두 마리가 싸우는 것을 구경하다 그만 까마귀를 잃어 버렸다. 이때 한 늙은이가 못 속에서 나와 글을 바쳤는데 그 글의 겉봉에는 '열어 보면 두 사람이 죽고, 열지 않으면 한 사람이 죽는다' 라고 적혀 있었다.

기사가 돌아와 이 글을 왕에게 바치니 왕이 이 글을 보고 "두 사람이 죽는 것보다 한 사람이 죽는 것이 낫겠다." 하니 이때 일관(日官)이 "두 사람이라 함은 서민이요, 한 사람이라 함은 왕을 말한 것입니다." 왕이 이 말을 받아들여 글을 떼어 보니 '금갑을 쏘라(射琴匣)'라고 했을 뿐이었다. 왕은 곧 궁궐로 돌아와 거문고 갑을 화살로 쏘았다. 그 거문고 갑 속에는 내전(內殿)에서 분향수도(焚香修道)하고 있던 중이 궁주(宮主)와 은밀히 간통하고 있었다. 이에 두 사람을 사형에 처했다.

이것은 『삼국유사』 「사금갑(射琴匣)」 조에 나오는 이야기이다.

분향수도(焚香修道)하고 있던 스님은 바람둥이

『화랑세기』에는 『삼국유사』에서 익명 처리되었던 등장인물에 대한 적나라한 이야기가 이어진다. 궁주는 선혜(善兮)왕후이며 이는 내숙(乃宿) 이벌찬의 딸이었고 분향수도승은 묘심랑이다. 묘심랑의 아버지는 천주사의 천주공이란 직책을 가지고 있었으며 묘심랑은 아버지의 후광으로 천주사에 들어와 분향수도 승으로 근무하였다. 이 스님은 얼굴이 잘 생기고 색사(色事)에 능하여 많은 후궁과 놀아나 염문을 뿌렸다. 천주사가 러브호텔이 된 것이다. 왕후와 이 스님간의 스캔들도 그 염문의 하나이다.

그날 왕이 천천정으로 나들이를 떠나자 왕비는 내전이 있는 천주사로 스님을 만나러 나온 것이었다. 왕성이 수리되면서 왕의 거처가 명활성으로 옮겨지고 내전은 천주사 안으로 정하여 진

것이다.(소지 마립간 10년, 488년 춘정월 왕은 다시 월성으로 돌아왔다.) 왕비와 묘심랑은 이 스캔들 이전에 이미 불륜의 교감이 여러 차례 이어졌을 것이다. 이 날도 남편이 출타하자마자 묘심랑이 그리워 천주자 내전으로 달음질쳤다. 자연히 천주사에는 왕비를 비롯한 후궁과 궁녀들이 들락거렸고 아버지의 찬스로 들어온 묘심랑은 불공보다는 잿밥에 공을 들였을 것이다. 천주사는 이렇게 왕실의 불륜 스캔들의 장소가 되면서 좋지 못한 이미지를 가진 절이 되었다.

천주사는 월성 지척에 있었다.

천주사는 월성에서 아주 가까운 거리에 있었던 절이었음은 분명하다. 명활성으로 왕이 거처가 옮겨질 때 내전이 천주사로 옮겨진 것은 월성과 지근거리에 있었기 때문이다. 경주의 현황과 역사를 다른 『동경잡기(東京雜記)』(1669년 경주 부윤 민주면이 동경기를 중수 간행한 책)에는 '천주사지는 월성의 서북에 있으니 바로 신라왕의 내불당(內佛堂)이다. 뒤에 제석원(帝釋院)이라 칭했는데 사람들이 해마다 이름있는 꽃을 뜰에 심고 복을 빌어 드렸다.'라 적고 있다. 『동국여지승람(東國輿地勝覽)』에는 월성의 서북에 있으며 절 북쪽에 안압지가 있다. 라고 기록되어 있어 절이 월성과 안압지의 사이에 있었던 것으로 추정된다. 오사카 긴타로는 '서악서원재산목록'에서 월성의 서북쪽, 석빙고 입구의 북쪽이라 했다.

이 기록으로 보아 지금의 연꽃 단지가 있는 곳으로 생각된다.

천주사지(붉은 점)
『경주지역 폐사지 기초조사 연구』 p106 지도

(경주시 인왕동 466-5, 476-4, 477-2, 476-2 번지 일대, 천주뜰) 그리고 왕실의 내불당 역할을 하였으니 절의 규모도 당당했고 절을 관리하는 인원이나 스님들도 상당했을 것으로 추정할 수 있겠다. 묘심랑의 아버지는 천주사의 천주공 직을 수행하였으며 아빠 찬스를 구사할 정도이면 절에서 그의 영향력도 대단했을 것으로 짐작이 된다.

『삼국유사』에 나타나는 천주사의 흔적들

천주사는 언제 창건되었는지는 확실하지 않으나 『삼국유사』 「천사옥대(天賜玉帶)」 조에는 진평왕이 창건했다고 했으나 선대의 왕인 소지마립간의 왕후와 분향수도승의 스토리가 나오는 장소가 천주사임을 감안할 때 늦어도 진평왕 집권기 이전에 창건되었을 것으로 보며 폐사의 연대는 확실하지 않으나 『동경잡기』에 나오는 사실로 보아 적어도 17세기까지는 경주에 이 절이 존재했음을 알 수 있다.

진평왕은 상당한 거구였던 모양이다. 신장이 11척이나 되었는데 어느날 내제석궁(內帝釋宮)에 행차하여 절의 섬돌을 밟자 두 개가 한꺼번에 부러졌다고 하며 이 내제석궁이 천주사이다. 왕이 이르기를 부러진 섬돌을 수리하지 말고 그대로 두어 후대 사람들이 보도록 하라고 명했다. 즉 천주사 섬돌을 진평왕이 밟아 부러졌다는 말이며 성안의 5개 부동석(不動石)중 하나라고 한다.

경덕왕이 승려 월명에게 차와 수정염주를 하사할 때 갑자기 한 동자가 나타나서 이것을 받아 내원(內院)의 탑 속으로 숨어 버렸고, 차와 염주는 남쪽 벽에 그려진 미륵상(彌勒像) 앞에 놓여 있었다는 설화가 『삼국유사』에 수록되어 있다. 이로 천주사에는 목탑과 미륵상을 그린 벽화가 있었던 것을 알 수 있다.

왕실 전용 사찰, 천주사

천주사와 관련된 여러 사실들을 종합해 보면 왕실의 전용 사찰로 월성과 지척에 있었던 주요 사찰 중의 하나가 분명하다. 전해지는 사실들로 천주사에 대한 별명도 전해진다. 내원(內院), 제석원(帝釋院), 내제석궁(內帝釋宮), 내불당(內佛堂) 등으로 불리웠다.

해당 지역의 발굴조사로 어느 정도 절의 규모를 짐작할 수 있다. 그리고, 왕실의 전용 사찰이라는 점에서 매우 이색적 특징을 가지고 있었던 절이다. 지금의 연꽃 단지에 자리한 천주사는 고급스럽고 장중한 절이 아니었을까 상상해 본다. 이 곳에는 왕실과 그 측근들, 혹은 왕실 관련자들이 출입하였을 장소였기에 나름의 역할과 영향력도 다대했다고 본다.

지금은 폐사되어 섭섭하지만 역사의 한 면을 장식하는 스토리들이

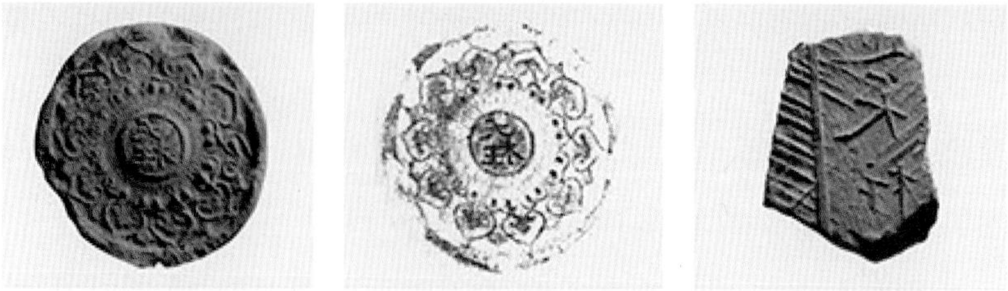

'천주명' 수막새 기와와 탁본, '천주명' 기와편 『경주지역 폐사지 기초조사 연구』 p111

있고 신라 왕실을 보호하고 불심으로 그들의 복락을 기구하였을 천주사는 우리들에게 또 다른 신라 사찰의 일면을 보여 주고 있다.

호랑이 처녀의 넋을 기린 호원사

슬픈 운명의 호원사지를 서성이며

세상에 달이 없었다면 얼마나 삭막했을까. 허공에 밝은 달이 동그랗게 떠 있는, 마음을 울리고 가슴을 적시는 아름다운 사랑, 흰 구름과 서로 경쟁하듯 스쳐 가는 밤하늘, 연인과 달빛 아래 살며시 걸어 보면 달이야말로 최고의 선물이라는 사실을 깨닫게 된다. 그 아름다운 달빛 아래 잉태한 사랑을 찾아 나섰다.

신라 38대 원성왕(785~798년)때, 호랑이 처녀가 인간에 감동을 준 이 사랑의 이야기는 2, 3월의 보름달에 춘심이 한창 일렁일 때 가슴을 뜨겁게 한 사랑 이야기다. 신라 풍속은 해마다 2월이 되면 초파일에서 15일까지 서울의 남녀가 다투어 흥륜사의 전탑을 도는 복회(福會)를 행했다. 신라 38대 원성왕 8년(792) 어느 이른 봄날이었다. 청년 김현은 영험 있기로 소문난 흥륜사 앞뜰 5층 탑에서 밤이 깊도록 전탑(殿塔)을 돌고 있었다. 탑돌이를 하다 밤이 깊어지자 모두 돌아갔는데 화랑 김현과 한 처녀만은 계속 돌고 있었다. 달빛 아래 수줍은 미소에 살결이 뽀얀 처녀와 김현은 서로 사랑의 불꽃을 교환하다 으슥한 곳에 가서 사랑을 나누었다. 김현은 처녀가 거절해도

석탑 옥개석과 각종 석재

집까지 바래다준다. 처녀의 어머니는 그 이야기를 듣고는 「좋은 일이기는 하지만 아니함만 못하다. 너희 오빠가 해칠까 두렵다」라면서 김현을 장롱 속에 숨겨준다. 잠시 후 호랑이 세 마리가 들어와 으르렁거리면서 「어디서 이런 맛있는 냄새가 나지? 요기나 해야겠다.」라고 말한다. 어머니와 처녀는 동시에 「코가 이상하다」라며 김현의 편을 들었다. 처녀는 호랑이였다. 「너희는 악행을 저질러서 한 놈이 죽어야 죄를 면할 수 있다.」 이런 긴박한 상황에서 구세주는 하늘의 소리였다. 벌벌 떠는 오빠 호랑이 앞에 호랑이 처녀는 「오빠 다시는 나쁜 짓 하지 마세요, 대신 내가 죽겠어요」라고 말한다. 못난 오빠 호랑이들이 슬그머니 사라지자 호랑이 처녀는 차분하게 김현에게 고백한다. 「비록 낭군님과 같은 부류는 아니지만, 하룻밤 소중한 인연을 맺었으니 낭군님의 칼에 죽어 은혜를 갚겠습니다. 제가 내일 거리에 나가 사람을 해치면 대왕(원성왕)은 반드시 높은 벼슬을 걸고 저를 잡으려 할 것입니다. 그때 낭군님은 겁내지 마시고 잡으려고 오시면 저는 성북 쪽 숲에서 기다리고 있겠습니다.」 김현은 「사람이 다른 부류와 사귀는 것은 정상이 아닙니다. 그러나 이런 인연은 하늘이 준 운명인데 내 어찌 당신의 죽음을 팔아 속세의 벼슬을 바라겠습니까」라고 말했다. 호랑이 처녀의 말대로 다음날 호랑이가 사람을 해치고 다니자 원성왕은 2급의 벼슬을 걸었다. 김현이 칼을 차고 숲으로 들어가자 처녀로

변신한 호랑이는 웃으면서 말했다. 「간밤에 낭군님과 나눈 말을 잊지 마세요. 제 발톱에 다친 사람은 흥륜사의 간장을 바르고 그 절의 나팔 소리를 들으면 곧 나을 것입니다. 빨리 죽여주세요.」 처녀가 김현이 찬칼을 뽑아 스스로 찌르자 호랑이로 변해서 죽는다.

호랑이 처녀와의 인연 때문에 출세한 김현은 호랑이의 원을 풀어주기 위해 절을 세우고 큰 제를 지냈으며 범망경(梵網經)을 암송하면서 한때 정분을 나누었던 호랑이 처녀의 넋을 달래주었다고 한다. 그 절이 바로 경주에 있던 호원사(虎願寺)였다. 김현이 죽을 때 지나간 일이 실로 기이하다고 느끼어 이것을 붓으로 적어 전하였으므로, 세상에서는 이 일을 비로소 알게 되었다. 그래서 글 이름을 논호림(論虎林)이라 했는데, 그 이야기가 지금까지도 전해진다. 『삼국유사』 제5권 김현감호(金現感虎)창건에 대한 내용이 있다.

생사를 뛰어넘는 화랑 김현과 호랑이 처녀에게서 숭고한 사랑이 있었다. 김현과 호랑이 처녀 사이의 사랑과 희생을 다루며, 호랑이 처녀의 죽음을 통해 김현의 신분 상승이 이루어진다. 이 이야기는 『삼국유사』를 비롯한 여러 문헌에 수록되어 있으며, 경주시 월성 인근 지역을 포함한 다양한 지역에서 구전되어 왔다. 이 설화는 전기적 성격을 가지며, 사건 전개가 역동적이고 인물 형상이 입체적으로 평가받는다. 또한 비평의 관점에서도 다양한 해석이 가능하다. 그리고 이 설화는 한국 고대 문학의 중요한 작품으로, 사랑과 희생, 그리고 인간과 비인간 간의 관계를 탐구하는 데 중요한 의미가 있다.

그리고 『삼국유사』에서 호랑이가 설화적 대상으로 그려지는 것은 2~3 사례 정도인데 모두 여성적 존재라는 특징이 나타난다. 그런데 민간설화에서 전해 내려오는 호랑이와 관련된 이야기 속에는 호랑이가 변하여 여성으로 된 경우가 많다. 이는 『삼국유사』의 설화적 구성 체계와 민간전승의 그것이 같음을 보여주는 것이라 할 수 있다.

『동경잡기』에 '고양수는 부의 북쪽 4리에 있으며, 옛날의 논호수이다. 옛날에는 임정수와 이어져 있었으나 나쁜 사람들이 베어버리고 갈아서 밭을 만들어 둘로 나누어졌다.'라고 기록하였다. 이곳을 호원사 터로 보는 견해는 일제강점기의 일본인 오사카 긴타로가 처음이며, 그 후 여러 향토 사학자들에 의해 그렇게 추정하고 있다. 그리고 『동국여지승람』에도 호원사연기 설화가 기록되어 있다.

석탑 재와 초석들만 남아 있는 호원사지

호원사지 발굴 현장

호원사지는 경주시 황성공원 내에 있었던 신라 시대의 사찰로, 양 탑지의 폐 탑재가 다수 남아 있다. 이 호원사지는 민간사찰로 사원건립에 관한 하나의 사료라 할 수 있다. 그리고 신라 시대 개인에 의한 사원건립의 기록은 선덕여왕에서 진덕여왕 대를 전후로 다수 확인된다. 현재 호원사(虎願寺)는 쇠락하여 폐사 되었고 호원사지(虎願寺址)로 추정되는 그 터만 남아 있다. 절터는 일제강점기에 조사된 바 있고, 『신라 고와의 연구(新羅古瓦の研究)』에 「양 탑지(塔址)가 있으며, 석탑 재와 초석이 산재한다.」라고 기록되어 있다. 1977년의 『문화유적총람(文化遺蹟總覽)』에도 석탑 재와 초석의 존재가 보고되어 있다.

농가에서 장독대로 이용된 석탑재

지금은 철거되었지만, 얼마 전까지만 해도 이곳에 민가가 있어 묘목장과 경작지 등으로 사용되었다. 그 당시 석탑재로 생각되는 각종 석재와 건물의 초석 등의 석조물이 민가의 기단과 화단의 경계석, 장독대 등으로 사용되면서 처참하게 방치된 채로 남아 있었다. 지금은 절터 한쪽 철제 펜스 안에 각종 석재를 모아 놓고 있다. 석탑 옥개석은 2매 모두 뒤집힌 상태로, 아랫면이 노출되어 있다. 큰 지붕돌은 한쪽 변이 172㎝이고, 작은 지붕돌은 162㎝이며, 층급받침이 5단이다. 처마와 모서리 부분 등의 파손이 심하다. 큰 지붕돌의 노출면 중앙에 크기 31㎝, 깊이 15㎝의 방형 사리공이 있다. 지붕돌과 함께 있는 이 석재는 윗면이 1단으로 치석 되어 있다. 그리고 장대석은 길이가 2m 넘고, 주변에 흩어져 있는 석탑의 잔재로 보아 보통 규모의 사찰이 아니었을 것으로 짐작할 수 있다. 현재 절터에는 최근에 심은 것으로 보이는 나무들이 자리를 잡고 있다. 절터는 이전에 민가가 들어서면서 이미 훼손되었고, 민가가 철거된 지금은 더더욱 그 흔적을 찾아보기 힘들다.

황성공원은 예로부터 논호림(論虎林), 논호수(論虎藪) 또는 고양수(高陽藪)라고 지금도 매년 10월이면 경주에서는 신라문화제가 개최되는데, 이 신라문화제의 전신으로 생각되는 것이 1934년 기획되어 시작된 신라제(新羅祭)이다. 특히, 1938년의 신라제는 바로 이 논호림, 황성공원에서 개최되었다. 당시 신문 기사에는 「논호수(論虎藪)-(慶州公園地內)」라하고 있다. 여지도서(輿地圖書) 경상도 경주부 지도에도 「논호수」로 표기하고 있다.

신라 전성기 경주에는 하늘의 별만큼 많은 절이 있었다고 한다. 그렇게 많았던 절들이 대부분 이름조차 남기지 못하고 사라졌다. 하지만 호원사(虎願寺)는 이름 석 자와 절에 얽힌 애절한 이야기를 남겨 놓았다. 이것으로 절터의 허전함을 대신한다.

호원사지(虎願寺址)는 여러모로 아쉽다. 국가유산청이나 문화유산을 위탁 관리하는 경주시는 비록 개인 소유라고 해도 너무 참혹하게 방치했다. 절터는 그 흔적을 찾아볼 수 없게 변했다. 지금 호원사지는 발굴조사 중이다. 지금까지 호원사지에서 발견된 유물은 주로 신라 시대의 유적으로, 석조물이나 도자기 등이 포함된다. 이곳은 신라의 역사와 문화를 이해하는 데 중요한 자료를 제공한다. 하지만 정확한 유물 목록은 제공되지 않았으며, 발굴과 연구가 진행되고 있는 것으로 알고 있다. 호원사지 발굴과 복원을 학수고대하는 필자는 너무 반가운 마음에 무슨 발굴조사인지 경주시에 확인해보니 공원용지 확장으로 인한 기초 발굴조사라 한다. 물론 조사 중에 결정적인 유구나 유물이 나타나면 정밀 발굴을 할 예정이라고 설명한다. 호원사의 복원까지는 바라지 못해도 석탑 복원 정도는 기대해도 될지 모르겠다.

황룡골에 또 다른 황룡사가 있었다

황룡사지 찾아가는 길

지금부터 25년 전 모 학교 교감으로 재직할 때였다. 같이 근무하던 후배 선생님 중 평소 단 수련을 하던 분이 있었다. 그 후배가 방학을 맞아 1주일간 황룡사에서 단전 호흡 수련을 제안하였다. 동료 직원 네 사람과 함께 황룡골 황룡사에서 합숙을 하면서 수련을 하였다. 수련 중 낮에는 골짜기 이곳저곳을 다니기도 하였다. 그러다가 하루는 절로 가는 길을 잃어버렸다. 마침 일을 하고 있던 주민을 만나 황룡사로 가는 길을 물었다.

"절로 가이소."

고개를 앞으로 쭉 내밀며 절로 가라는 것이었다. 절로 가는 길을 묻는데 절로 가라니……. '절로'란 '저리로'란 의미의 경주 사투리이다. 자기가 고개를 내미는 쪽으로 가라는 말이었다. 그러나 절로 가는 길을 묻는데 절로 가라고 하니 웃음이 나왔다.

당시에 필자는 이곳이 옛 황룡사가 있던 곳이라는 것을 몰랐다. 이후 경주에 있는 문화재를 제대로 공부를 하고 싶어 찾은 박물관대학에서 이곳을 답사하면서 옛 황룡사에 대해 관심을 갖게 되었다.

경감도로를 가다 덕동교를 지나 1.2Km쯤 가면 오른쪽으로 개울을 건너 몇 채의 가옥이 보인다. 시부거리이다. 약 200여 년 전 오천 정씨가 잡초가 무성한 이곳의 늪을 논으로 개간한 후 정착하여 마을을 이루었다고 한다. 늪을 경주 사람들은 '시부구디'라고 하는데 '진흙구덩이'라는 의미로 시부거리, 시부걸, 시북걸이라고도 하였다. 그리고 한자로 이항(泥巷)이라 표기한다.

시부거리에서 600여m를 가면 자그마한 다리를 건너기 직전 황룡휴게소 간판이 보인다. 여기서 왼쪽 골짜기로 들어가면 사시목이다. 사시미기이라고도 하는데, 옛날 이곳에 사슴이 많아 사냥꾼들이 사슴 사냥의 길목이라 사시목이라 했다고도 한다. 한자로 사항(獅項)으로 표기하기도 하는데 이는 입구에 있는 표충사 앞의 산이 마치 사자머리 같다고 하여 이렇게 불리기도 했다고 한다.

길옆에 지금은 폐교가 되었지만 덕동초등학교 황룡분교가 있었다. 40여 년 전 이 학교에 근무한 친구가 있었는데, 이십 수년 전 고인이 되었다. 두주불사(斗酒不辭)에 친구들을 만나면 늘 큰소리를 뻥뻥치고 후배들을 꼼짝 못하게 휘어잡곤 했다. 방송통신대학 교육학과에 편입했는데 재학기간 동안 교재 한 권 없이 거뜬히 학위를 취득하는 재주를 가진 친구였다. 지금쯤 저승 어느 곳에서 호기를 부리고 있으려나……

절이 있다고 해서 이 골짜기가 절골이다. 남산 용장골에도 절골이 있는데……. 좁은 시멘트 포장도로를 따라 약 3km를 더 가면 근래에 새로 지은 절이 있다. 황룡사이다. 원원사지 앞에 새로 들어선 원원사와 닮았다.

절에 들어서기까지 여기저기 국적 불명의 조각상이 어지럽다.

절 입구 왼편에 포대화상과 지장보살상이 있고 주전(主殿)은 만월전이다.

일주문도 천왕문도 없다. 바로 절 마당으로 들어서면 마당 한쪽에는 포대화상이 큰 배를 드러낸 채 야구공만한 귀걸이를 하고는 어린 아이처럼 해죽 웃고 있다. 그는 중국 오대(五代)시대 후량(後梁)의 고승으로 작대기에 포대를 메고 다니면서 무엇이든 동냥한 것을 그 속에 담곤 하였기 때문에 포대화상이라고 하였다. 배가 나오고 대머리이며 때로는 호탕하게 웃고, 거칠면서도 사람들의 길흉화복이나, 날씨 등을 미리 말하는데 맞지 않는 일이 없었다고 한다. 우리 전통 불교와는 관련이 없는 인물인데 왜 여기 자리를 잡고 앉아있는지.

그 옆으로는 민머리에 석장(錫杖)을 짚고 훤칠한 키에 미남형인 지장보살이 서 있다. 또 시무외여원인의 수인을 하고 있는 입상의 석가여래상도 한켠을 차지하고 있다.

마당에는 대한불교조계종 제11교구 본사 불국사의 말사인 황룡사의 간단한 내력이 기록된 안내판이 있다.

"……이 절은 1986년 종연(宗然) 스님이 현 위치에 있던 민가를 구입하여 폐탑재 등의 유물을 두고 비로자나불, 석가모니불, 약사여래불의 도량으로 이루시어 정진 수도 중이십니다."

안내판 내용대로 전각을 조성했다면 비로전, 대웅전, 약사전이 있어야 하는데 주전이 만월전이다. 만월전은 유리광전, 보광전이라고도 하는데 약사여래를 모시는 전각이다. 그렇다면 대웅전과 비로전은 어디에 있을까? 만월전, 요사채, 산신각 등을 제외하고는 다른 전각은 눈에 띄지 않는다.

빠른 걸음으로 현 사찰의 오른쪽으로 난 산길을 오르면 폐탑재과 주춧돌이 어지럽다. 신선한 기운이 몸속으로 스며든다. 속세를 벗어난 느낌이다.

황둔사에서 황룡사를 거쳐 심적암으로 불리다가 다시 황룡사로…

현 황룡사 오른쪽 계곡을 건너 대나무 터널을 통과하여 오른쪽으로 올라서는데 개 짖는 소리가 요란하다. 둘러보아도 개는 보이지 않는다.

서산대사 휴정이 어느 마을을 지날 때, 낮인데도 "꼬끼오~!"하고 닭 울음 소리가 들렸다. 그 소리를 듣고 휴정은 문득 깨달음을 얻었다. 그런데 개 짖는 소리를 듣고 깨달음을 얻었다는 이야기는 듣지 못했다. 깨달음까지는 아니라도 황룡사지에 대한 이야기가 쉽게 풀렸으면 좋겠다는 생각을 해 본다. 누군가에 이런 이야기를 하면 '개소리'하고 있다고 핀잔을 듣지는 않을는지?

높이 쌓아 올린 축대 위에 황룡사터에 대한 간단한 안내문과 더불어 군데군데 모아둔 석재가 시야에 들어온다.

구황동에 황룡사가 있는데 이곳에 꼭 같은 명칭의 사찰이 있다.

옛 사찰 앞에 새로 사찰을 짓고는 황룡사와 구분하기 위해서인지 안내판에는 한자는 같으나 한글로 '황용사'로 표기되어 있다.

불국사고금역대기(佛國寺古今歷代記)에 이곳 황룡사와 관련하여 다음과 같은 기록이 있다.

> 옛 기록에 전하기를 신라 제27대 선덕여왕 2년(633)에 장인들을 모아 절을 세우고 약사여래상을 만들어 모셨다. 처음 황둔사(黃芚寺)라고 하였는데 제39대 소성왕 때에 5년간의 큰 가뭄이 계속되어 전국의 초목이 말랐으나 유독 이곳 골짜기만은 물이 마르지 않고 맑은 물이 계곡으로 흘러 초목은 이슬을 머금은 듯 푸르렀으므로 산의 이름을 이슬이 숨은 듯하다는 뜻으로 은점산(隱霑山)이라 했다. 그 후 조선 제16대 인조 원년(1623)에 선과(選科) 대덕(大德) 담화(曇華) 스님이 조정의 명을 받아 일본에 사신으로 다녀온 후, 왜란 중 왜군으로 인해 잿더미가 된 절을 보고 비분강개하여 사찰을 재건하고 황룡사라 했다. 그 후 제19대 숙종 7년(1701)에 폐사되었으나. 스님이 남아 있어서 불국사에 합속시켜 심적암(深寂庵)이라 했다. 이후 이 암자는 1708년과 1715년에도 중창이 있었으나 폐사된 시기는 알 수 없다.

위 내용으로 미루어 창건 당시에는 황둔사였다가 임진왜란 이후에는 구황동 황룡사가 폐사되었기에 황룡사라 개칭하는데 문제가 없었을 것이다.

18세기에 이르러 범우고(梵宇攷), 19세기 초 경상도읍지(慶尙道邑誌), 동경잡기(東京雜記) 등과 18세기 후반 지도에서 황룡사 표기를 볼 수 있어 조선 후기까지 사찰이 이어진 것으로 추정된다.

이 사지에 대해서 2016년 국립공원관리사무소에서 탑지를

윗줄 왼쪽부터 2020년 현재의 발굴현황, 탑재.
아랫줄은 출토유물과 서편 계곡 건너편 고려시대의 탑재

중심으로 시굴조사를 시행하고 2018년부터 2020년까지 불교문화재 연구소에서 발굴조사를 실시하였는데 신라시대부터 조선시대까지의 건물터와 유물이 출토되었다. 그리고 크게 3영역에 걸쳐 건물지를 확인하였다. 중앙에 금당지가 있고 그 앞에 동·서로 쌍탑이 있었다. 중앙 건물지 앞으로는 회랑지가 있고, 서쪽으로는 회랑지를 비롯하여 규모가 작은 건물지도 확인이 된다. 금당지의 동쪽으로는 대형 건물지가 있고 그 앞쪽에는 여러 점의 석탑재가 쌓여 있다. 그 동쪽으로 또 다른 건물지가 있다.

특히 서쪽 회랑지 구간에서 금동귀면, 금동사자, 추정 촉대 받침, 금동보당, 금동장식, 금동불상 대의편 등의 유물이 다량 출토되었다. 금동보당은 지금까지 국내에서 출토된 보당 중 가장 크다.

이 중심 건물지에서 서쪽 계곡을 건너 30여m 떨어진 위치에는 고려시대의 석탑으로 추정되는 탑재를 모아두었다. 기단 부분에 안상(眼象)이 새겨져 있는데 옥개석이 팔각이다. 일부에서는 부도일 것으로 추정하기도 한다.

주변에는 용도를 알 수 없는 석재들이 다량 흩어져 있다.

이곳 사지에 대해 자료가 부족하여 충분한 설명이 되지 못했다는 자책에 효봉스님의 열반송으로 마무리를 한다.

吾說一切法(오설일체법)　내가 말한 모든 법
都是早騈拇(도시조병무)　그거 다 군더더기
若問今日事(약문금일사)　누가 오늘 일을 묻는가
月印於千江(월인어천강)　달이 일천 강에 비치리

흥륜사(興輪寺)는 신라 최초의 사찰

지금의 천경림 흥륜사

경주 공고 앞을 지나는 대로가 금성로다. 이 금성로는 오릉원 서편을 지나 경부고속도로에 진입하는 서라벌대로와 만난다. 금성로 동편의 오릉원 북쪽에 흥륜사가 있다.(경주시 사정동 285-6) 이 흥륜사는 1971년 경북 군위군 출신의 원만스님이 지금 흥륜사가 있는 땅(대부분 주택지였음) 5,000평을 매입하여 절을 짓기 시작하였다.

현재의 흥륜사 내부 모습, 팔각 비각 안에는 이차돈 순교비가 있다.

땅을 매입할 당시는 스님이 아니었던 원만스님은 비구니 혜해(慧海) 스님을 스승으로 하여 출가의 길로 들어섰다. 이후 대웅전, 신라 십성전(十聖殿) 등을 건립하고 법등을 다시 밝혔다. 이후 원만스님은 동국대에 원만 장학회를 설립하였으며 1991년 입적하였다.

경내는 텅빈 듯 조용하다. 입구를 들어서면 정면으로 이차돈의 순교비가 보인다. 사찰의 전형적인 건물 배치의 모습은 보이지 않는다. 여러 채의 건물들이 중앙 마당(옛 흥륜사의 금당터)을 보고 둥글게 서 있다. 모래로 덮힌 마당은 누군가 비질을 한 자국이 선명하다. 현재 비구니의 도량으로 많은 비구니 스님들이 공부하고 있다.

흥륜사는 아도화상(我道和尙)이 지었다?

『삼국유사』의 3권 아도기라(我道基羅) 조에 이런 기록이 있다.

> '아도는 고구려 사람으로 아도의 어머니의 분부에 따라 신라로 와서 왕경 서쪽 마을에 살았다. 미추왕 3년 성국공주가 병이 났는데 의약과 주술이 통하지 않았다. 아도가 이를 고쳐주었는데 왕이 소원을 물으니 '천경림에 절을 짓겠다'고 요청했다. 왕이 이를 허락하자 초가지붕 아래서 법을 설했는데, 그곳이 흥륜사다. 이후 미추왕이 죽고 주변 사람들이 아도를 해치려하자 모록(毛祿)의 집으로 피신했으며 스스로 무덤을 만들고 그 속에서 문을 닫고 자절(自絶) 하였다. 이에 흥륜사는 물론 신라의 법맥도 끊어졌다.'

이후 법흥왕14년(527년)부터 아도가 초가를 지었던 천경림에 절을 짓기 시작하여 법흥왕 22년(535년)에 대개(大開)하였고 진흥왕 5년(544년)에 완공시켰는데 진흥왕이 대왕흥륜사(大王興輪寺)라는 편액을 내렸다. 이는 법흥왕 22년 우선 절을 열어 절의 기능을 가능하게 하고 연이어 절의 여러 부분을 증축하여 진흥왕 5년에 완공했다는 의미가 된다. 그리고 절의 완공 이전인 법흥왕 15년 국가적으로 불교가 공인되었으며 그보다 앞서 법흥왕은 이차돈과 약속하고 절을 지으려 하였으나 신하들의 반대에 부딪혀 실현되지 못하였다. 그리고 법흥왕이 사신(捨身 : 속세를 버리고 불교에 귀의하는 일)하는 문제와 아도가 절을 지었던 천경림(天鏡林)에 다시 절을 짓기로 하였으나 역시 반대가 심하였다. 이에 이차돈은 거짓으로 왕명에 전한 죄를 자청하여 법흥왕 14년에 순교하였다. 그렇다면 흥륜사는 아도가 지은 것인지 법흥왕이 지은 것인지 이차돈이 짓게 한 것인지 판단이 어려워진다.

그리고 학자들에 따라서는 법흥왕 22년을 흥륜사 완공의 시기를 보는 견해와 진흥왕 5년을 완공의 시기로 보는 견해가 있다. 즉 법흥왕 때 이미 절을 완공하고 진흥왕 5년까지 누성(累成)하였다는 사실의 해석을 달리하고 있다.

흥륜사의 위치는 아직도 안개 속이다.

'흥륜사는 어디에 있었을까? 에 대한 견해도 제각각이다. 지금의 흥륜사 자리가 신라시대 흥륜사 터라는 견해와 경주공업고등학교 자리가 흥륜사터라는 견해, 그리고 지금의 흥륜사 자리는 영묘사가 있었던 위치라는 의견 등이 대두되어 흥륜사의 위치가 유동적이다.

먼저 지금의 흥륜사 자리가 옛날 흥륜사가 있던 자리가 맞다는 근거는 지금 흥륜사를 둘러싸고 있는 너른 들판을 흥륜들로 불러왔다는 점이다. 주변의 주민이나 경주시민들 대부분도 그 주변의 들판을 흥륜들로 알고 있다. 또한 『삼국사기』 흥덕왕조 흥덕왕 2년(827) 고구려 승려 구덕(丘德)이 당나라에 갔다가 불경을 가지고 오자, 왕이 여러 절의 승려를 소집하여 그를 맞이하였는데 이 영접 장소가 사신을 맞이하거나 국가적으로 큰 행사를 치른 흥륜사 앞길이라는 것이다. 흥륜사는 왕성의 입구 쪽에 해당하는 부분이므로 현재 흥륜사터가 그 위치에 적합하다는 의견이다.

한편 지금의 흥륜사터는 영묘사(靈妙寺)터라는 주장이다. 그 근거로 이 곳에서 영묘지사(靈廟之寺), 대령묘사조와(大令妙寺造瓦)의 명문기와가 출토되었다는 점을 들고 있다. 그러나 기와는 영묘사에서 구워서 가져올 수도 있다는 의견도 있고 1959년 사라호 태풍으로 큰 피해가 났을 때 지금의 송화산 기슭 아래 서천변에서 사찰의 금당지로 추정되는 건물터와 신라시대의 초석이 노출되었다. 홍사준은 이 지역을 영묘사지로 추정하였다. 그 근거로 『신증동국여지승람』에서 영묘사는 경주부 서쪽 5리에 있다고 적혀 있는 점을 들었다. 그리고 『삼국유사』 선덕여왕조의 영묘사 옥문지(玉門池)의 기록 중 옥문지의 존재가 부합한다고 했다. 그리고 1976년 신라문화동인회에서 영묘지사(靈廟之寺)라는 명문기와편을 수습한 것도 지금의 흥륜사터가 영묘사터라는 주장에 한 근거를 제공하고 있다.

2008년 경주공업고등학교 운동장 배수로 공사 중 발견된 유물들로

경주공업고등학교(좌)와 흥륜사터 설명 안내판(우)

인하여 경주공업고등학교 자리가 흥륜사라는 새로운 주장이 나왔다. 이 때 발견된 명문 기와편에 흥(興), 사(寺) 등의 글자가 있어 흥륜사터가 아닐까 하는 주장을 한다. 경주 공업고등학교 정문을 들어서면 작은 금속 안내판이 있는데 다음과 같은 안내문이 있다.

> '경주공업고등학교 부지는 신라 최초의 사찰인 흥륜사기 있던 곳으로 추정됩니다. 운동장 배수시설 공사를 하던 중에 문화재가 출토되어 경주국립박물관에 의뢰해 조사한 결과 신라, 통일신라시대의 건물 기둥의 아랫부분인 적심(積心)과 배수로 등 신라 건축물의 흔적과 특히 '興'가 새겨진 기와가 출토되어 이곳이 '興輪寺'로 추정된다고 하였습니다. 이 외에도 각종 토기가 많이 출토되어 학계의 비상한 주목을 받았습니다. 위의 사실로 보아 경주공업고등학교 부지는 신라시대의 중요한 문화유적이 있었던 곳으로 판명되었습니다. 우리 모두 문화유적 보호에 힘써야 할 것입니다.'

그러나 학계에서는 경주공업고등학교 자리를 영흥사 사지로 추정하고 있다.

흥륜사가 있었던 곳에 대한 의견이 제각각이다. 어느 한 곳도 확증을 할 수 있는 증거가 없다. 지금의 흥륜사터이건 경주공업고등학교

터이건 확실한 증거가 없고 보니 서로 다른 주장만 분분하다. 그러나 지금의 천경림 흥륜사 자리가 신라의 흥륜사지로 보는 것이 일반적이다.

흥륜사는 신라의 국찰(國刹)이었다.

흥륜사는 아도화상이 천경림에 세운 초기의 절이 아니었다. 아도가 세운 초가집 절의 자리에 국가가 중심이 되어 세운 신라 최초의 사찰이다. 특히 천경림은 불교가 들어오기 전 신라인들이 대단히 신성시하던 곳이었다. 초기에 불교가 들어오기는 하였으나 신라인들이 믿던 토속 무교(巫敎)에 밀려 힘을 쓰지 못했다. 그럼에도 법흥왕과 이차돈은 천경림에 절을 짓자고 약속을 했지만 번번히 반대에 부딪히자 죽음이라는 극단의 처방으로 결국은 천경림에 흥륜사를 짓게 되었다. 그리고 왕실이 중심이 되어 천경림 흥륜사의 건립을 적극 추진하여 법흥왕 22년에 크게 일으키고 진흥왕 때에 이루어졌다. 이렇게 하여 신라 최초의 사찰 흥륜사는 왕실의 적극적 지원을 받게 되며 그 시설이 웅장하였다.

흥륜사는 남문, 전탑, 금당, 오당(塓堂)이 일직선상에 있었고 좌경루(經樓)와 좌우 낭무(廊廡)로 연결된 구조였으며 별도로 남지(南池)가 있었고, 종루(鍾樓)를 세웠다. 오당에는 선덕 여왕 때의 승상 김양도(金良圖)가 조성 봉안한 미륵삼존불상이 있었고 금당에는 당시 신라 승려 10성인(十聖人의) 조상(彫像)을 만들어 배치하였다. 『삼국유사』에는 이렇게 적혀있다.

'동쪽 벽에 앉아서 서쪽으로 향한 이상(泥像)은 아도(阿道, 我道), 위촉(猬觸), 혜숙(惠宿), 안함(安含), 의상(義湘)이다. 서벽에 앉아서 동쪽으로 향한 이상(泥像)은 표훈(表訓), 사파(蛇巴), 원효(元曉), 혜공(惠空), 자장(慈藏)이다.'

그리고 흥륜사는 국가적 의미의 중심이기도 했다. 우선 흥륜사가 창건된 해가 신라의 창건 연대에 맞추어 지어졌기 때문이다. 신라의 건국과 같은 간지인 갑자(甲子)년에 창건되어 신라의 건국과 같은 의미로 해석하게 한 것이다. 즉 흥륜사의 완공은 진흥왕 때인 갑자년 544년은 신라 건국 기년인 갑자년 57년에서 10주갑(周甲)이다. 이 해에 낙성연대를 맞춘 것은 신라인들 정확히 말해서 왕을 중심으로 하는 지배층에서 이 나라 최초의 사찰인 흥륜사를 부각시키고자 한 것이 아닐까 하는 것이다.

그리고 흥륜사는 왕실의 사찰로서 폐쇄적으로 운영한 것이 아니라 모든 신라인들이 함께 하는 사찰로서 역할을 한 것이다. 진흥왕은 흥륜사를 준공한 이후 누구나 출가하여 중이 되는 것을 허락하였다. 그리고 백성들을 위한 흥륜사의 행사 중의 하나가 탑돌이였다. 왕경의 신라인들은 2월 8일부터 15일까지 흥륜사 전탑을 다투어 도는 것을 복회(福會)로 삼았다. 김현(金現과) 호랑이의 사랑 이야기도 이 흥륜사의 탑돌이에서 시작되었다. 신라 때는 연등을 4월 초파일에 거는 것이 아니라 1월 15일로서 흥륜사의 탑돌이가 밤새도록 가능한 이유는 밤새 불을 밝히기 때문이었으리라.

또한 흥륜사 앞길은 중요한 국가적 행사를 벌이는 곳이기도 했다. 신라시대 왕경의 주 출입구는 왕경의 서쪽이었다. 중국과의 왕래가 중요하였으므로 왕경 서쪽은 매우 중요한 출입구였다. 특히 흥륜사를 왕경의 서쪽에 위치하게 한 것도 그런 이유가 아닐까 한다. 임금의 군사 사열, 사신의 영접 등도 흥륜사 앞에서 이루어졌다. 그리고 진흥왕 10년 봄, 양나라가 사신과 유학승 각덕(覺德)편에 부처님 사리를 보내와 임금이 백관을 대동하고 흥륜사 앞에서 사신을 맞이하였으며 흥덕왕 2년 고구려 승 구덕이 당에서 불경을 가져왔을 때도 임금이 승려들과 함께 이 장소까지 나가서 그들을 영접하였다.

그리고 흥륜사는 왕실과 긴밀한 관계를 형성하여 국찰로서 위세를 누린 사찰이었다. 우선 왕실이 중심이 되어 사찰을 창건하였으며 이후 왕실과의 여러 관계가 이루어졌다. 따라서 흥륜사는 왕실의 불교 신앙의 중심지가 되었다. 선덕왕 때 흥륜사의 승려 법척(法惕)이 왕의 병을 돌보았으며 이차돈의 기일에 흥륜사에 그를 기념하는 법회가 열렸으며 매달 5일마다 예불이 이루어졌다. 이차돈은 왕실의 불교 공인의 의지를 실현 시키는데 가장 큰 공헌을 한 인물이다. 이 예불 행사는 별도 향도(香徒)가 결성되어 매우 규모가 컸다. 이에 왕실의 적극적인 후원이 있었음을 추측할 수 있다.

경주국립박물관의 석조와 '신라인의 미소' 와당은 흥륜사의 유물이다.

흥륜사는 신라 최초의 사찰이며 국찰로서 그 역할을 다하고 그 위세 또한 대단했다. 그러나 신라 말기의 반란으로 불타고 무너져 경명왕 5년(921)에 중수되었다. 고려시대의 거란과 몽고, 왜구의 침입으로 흥륜사는 전소되었다. 갑진년인 1244년 고려 고종 331년

도인(道人) 정견(定堅)이 남경(경주) 유수 예부 노연(盧演)의 도움으로 불탄 잿더미 속에서 쇠조각을 수습하여 새로운 쇠와 합하여 일만근의 대종을 만들어 진정국사(眞定國師)의 흥륜사대종명병서(興輪寺大鐘銘幷序)가 오늘날까지 전해지고 있다. 이로 보아 고려 때 흥륜사는 중수되었으며 존재하였다.

이후 흥륜사는 조선시대에 화재로 소실된 뒤 폐사가 되었으며, 유물로는 석조(石槽)와 배례석(拜禮石)이 절터에 남아 있었는데 이것 또한 경주 부윤 이필영(李必榮)에 의하여 동헌(東軒)으로 옮겨졌다가 현재는 국립경주박물관에 보관되어 있다. 이 중 석조는 신라의 유물 중 가장 큰 석조인데, 길이 2.3m, 너비 1.1m이다.

또한, 이곳에서 출토된 국내에서 유일한 인면문(人面文) 와당(瓦當)은 미소 짓는 얼굴을 기와에 조각한 것으로, 일본인에 의하여 일제 때 반출되었다가 1972년 국립경주박물관으로 옮겨져 보관되고 있다. 현재 천경림 흥륜사에는 당시의 치석들과 석등의 하대석 등이 절마당에 보관되어 있거나 여전히 석등의 일부로 쓰이고 있다.

경주박물관에 보관 중인 흥륜사 석조

일명 '신라인의 미소'로 알려진 인면문 와당(얼굴무늬 수막새)

▌집필진

김반섭 김상환 김영준 남호명

박기상 이상택 하성찬

폐사지는 살아있다

인　쇄 / 2024년 12월 13일
발　행 / 2024년 12월 20일

엮은곳 / 경주시니어클럽 경주이야기 사업단
펴낸이 / 이 승 엽
펴낸곳 / 도서출판 **정림사**
대구광역시 중구 동덕로 52-8
등록번호 · 제03-01-340
대표전화 · (053) 424-1661
팩시밀리 · (053) 424-1665

ISBN 978-89-6064-065-8　03810

〈값 15,000원〉